AF566313

In seinen Gesprächen über das Wesen des Werkes in der Architektur fragt Tom Schoper, was das architektonische Werk heute sein kann, was seine Bedeutung ausmacht und weshalb die Architekten mit jeder Aufgabe erneut nach dem Werk streben. Dabei wirft der Autor einen Gegenblick auf die Thesen Martin Heideggers zum Ursprung des Kunstwerkes, die das Werk vom dienenden Zeug und vom autonomen Ding unterscheiden.

Die Aufzeichnungen dieser Gespräche zeigen, dass trotz der Differenzen der befragten Architekten in Generation und Herkunft die Arbeit an der Disziplin der Architektur als eine Auseinandersetzung zwischen Idee, Geschichte, Erfahrung und Ästhetik zu verstehen ist. Diese Auseinandersetzung ist es, die zum Wesen der Architektur führt.

Tom Schoper, 1967 in München geboren, ist Architekt in Dresden und lehrt an der Fakultät Architektur der TU Dresden. Sein Forschungsschwerpunkt liegt im Bereich der Wechselwirkung von Architektur, bildender Kunst und Philosophie.

EIN HAUS. WERK – DING – ZEUG?

PASSAGEN ARCHITEKTUR

Tom Schoper

Ein Haus.
Werk - Ding - Zeug?

Gespräche mit
Gion A. Caminada
Hermann Czech
Tom Emerson
Hans Kollhoff
Valerio Olgiati

Passagen Verlag

Deutsche Erstausgabe

Die Deutsche Nationalbibliothek verzeichnet diese Publikation in der Deutschen Nationalbibliografie; detaillierte bibliografische Daten sind im Internet über http://dnb.dnb.de abrufbar.

Alle Rechte vorbehalten
ISBN 978-3-7092-0266-1
2., überarbeitete Auflage 2017
© 2016 by Passagen Verlag Ges. m. b. H., Wien
http://www.passagen.at
Grafisches Konzept: Ecke Bonk
Satz: Tom Schoper
Druck: Ferdinand Berger & Söhne GmbH, 3580 Horn

Inhalt

Tom Schoper
Vorwort zur zweiten Auflage

Mit fünf Architekten habe ich zwischen 2012 und 2015 Gespräche über ihre persönlichen Begriff vom „Werk“ in ihrer Arbeit geführt – das mag ungewöhnlich, vielleicht sogar unzeitgemäß erscheinen, zumal jedes Gespräch einleitend auf die Philosophie Martin Heideggers zurückgreift.

Zunächst: ich bin kein Philosoph. Ich bin Architekt mit Interesse an der Philosophie. Von dieser erhoffe ich mir, die aktuellen Fragen zur Architektur so stellen zu können, dass sich aus der Frage selbst eine neue Sichtweise auf unsere scheinbar so vertraute Disziplin eröffnen möge. Vereinfacht formuliert fragen wir uns angesichts der gebauten Welt doch zumeist folgendes: warum spricht das eine Werk mich an, der Bau daneben aber bleibt stumm? Hat das mit eigenem „Geschmack“ zu tun, mit zeitgemäßer „Aktualität“, oder doch eher mit dem, was wir das „Wesen“ eines Werkes nennen können? Schon bei dem Begriff vom „Wesen“ droht allerdings die Gefahr, in der allgemeinen Lesart als allzu konservativ zu gelten. Und doch gehe ich noch einen Schritt weiter und zitiere eingangs einer jeden der folgenden Gespräche Heideggers Schrift *Vom Ursprung des Kunstwerkes*, in der dieser eine inhaltliche Bestimmung zum Werk versucht: ein „Werk“ sei dadurch charakterisiert, dass es auf etwas anderes verweise, was es selbst eben nicht sei.

Bemerkenswert deckungsgleich erscheint diese Aussage im Gegenblick zu einem weiteren Versuch der Definition eines Kunstwerkes aus Theodor W. Adornos *Ästhetischer Theorie*: „In jedem genuinen Kunstwerk erscheint etwas, was es nicht gibt.“[1] Das Werk könnten wir somit charakterisieren durch seine Stellung im Dazwischen von Sein und Nicht-Sein; es zielt auf eine Sehnsucht, deren Ziel nicht Erfüllung der Sehnsucht ist, sondern die Umwandlung der Sehnsucht in eine gestaltete Form.

Wenn die eingangs erwähnten Philosophen vom Kunstwerk sprechen, so meinen sie zunächst die Werke der bildenden Künste. Für die Architektur scheinen zunächst andere Regeln zu gelten, hat diese doch – anders als die sogenannten „freien“ Künste – dem Menschen zu dienen, worin sich auch Heideggers Begriff vom „Zeug" widerspiegelt. Dieses Dienen, gerne als ein Stigma der vermeintlichen Benachteiligung oder Herabsetzung der Architektur gegenüber den anderen Künsten betrachtet, hatte jedoch zu Beginn zwanzigsten Jahrhundert eine Deutung in gegenteiliger Weise erfahren: Paul Valéry lässt in *Eupalinos oder Der Architekt* seine Protagonisten einen Dialog führen, in dem die Schöpfungen des Menschen auf ihre Grundsätze von *Nützlichkeit, Dauer* und *Schönheit* befragt werden:

Phaidros: Das wären allerdings die großen Kennzeichen eines vollkommenen Werkes.
Sokrates: Nur die Architektur erfordert sie und bringt sie zu ihrer höchsten Entfaltung.
Phaidros: Ich sehe in ihr auch die vollkommenste aller Künste. [2]

Dank Valéry müssen wir also nicht mehr in Frage stellen, ob wir die Werke der Architektur auch zu den Kunstwerken rechnen dürfen; umso mehr stellt sich uns die unbeantwortete Frage, auf welchem Weg wir in der Architektur vom schlichten „Bauen" zum architektonischen „Werk" gelangen. Denn anders als für die Künste existiert für die Architektur eben keine Theorie im Sinne einer „Ästhetik" ihrer Disziplin. Vielmehr erscheint die Geschichte der Architektur vor allem in ihrer jüngeren Vergangenheit geprägt von dem Versuch einer möglichst engen Verknüpfung von Technik und Machen – für die sich die Architektur in ihrer unumgänglichen Bindung an die Bauindustrie nur allzu gut zu eignen scheint. So steht in der Sichtweise auf die Architektur heute noch immer das dienende Erfüllen einer Erwartung vor dem geistigen Eröffnen einer Erkenntnis.

Wenn wir aber nach dem Inhalt eines Werkes in der Baukunst fragen, so kann es in der Architektur nicht darum gehen, quantitativ zu argumentieren. Architektur als solche ist langsam, sie ist träge, sie lebt aus sich selbst heraus und ist für uns nicht nur Heimstatt, sondern bildet jenen Hintergrund, vor dem sich unser Leben mit all seinen Veränderungen abspielt.

In diesem Sinne ist Architektur eine „zweite Natur": zwar erdacht und gemacht von Menschenhand, mit unterschiedlichen Konzeptionen und Techniken in ihrer Geschichte, und dennoch immer ihren seit jeher bestehenden physikalischen und anthropologischen Grundsätzen folgend: ein Dach zu bilden, um Schutz zu bieten; die Wände zu gestalten, um der Gestalt einen kulturellen Ausdruck zu geben; schließlich eine Form zu schöpfen, die jenseits von Konstruktion und Nutzung eine „Aussage" in sich trägt – einen architektonischen Gedanken, zum Ausdruck gebracht mit anderen Mitteln als der Sprache.

Wann oder wie tritt dieser Anspruch einer Ästhetik der Architektur, dieses „Mehr" gegenüber dem reinen Nutzen, in den Prozess des Entwerfens ein? Wie agiert man ästhetisch im Sinne dieser „zweiten Natur", wenn unsere Zeit doch nicht mehr verbindlich zu formulieren vermag, was „schön" ist? Im Gegensatz zur rationalen Konstruktion und zum (idealerweise) intuitiven Gebrauch ist die Frage nach Schönheit gesellschaftlich nicht mehr einvernehmlich zu beantworten - weder in der Architektur noch in sonst einer Disziplin des Gestaltens. So sind wir aufgefordert nach Wegen zu suchen, das vermeintliche Ur-Bedürfnis des Menschen nach dem Schönen neu zu begründen - oder dieses abzulösen durch alternative Inhalte. Den diesem Band zugrundeliegenden Gedanken will ich somit als einen Diskurs zur „Konzeption einer Ästhetik der Architektur" beschreiben: es kommt nicht darauf an, dass wir unserer Disziplin einheitliche Regeln der Gestaltung zugrunde legen; vielmehr geht es darum, sich selbst im Prozess des Erdenkens der eigenen Konzeption von Ästhetik bewusst zu sein und diese so konsequent als möglich zu verfolgen.

Ästhetik in der Architektur beschreibt somit die zur Form gewordene Ganzheit von Konstruktion, Gebrauch und Schönheit im Objekt - und darüberhinaus unser eigenes Vermögen, dieses konzeptionell zu fassen. Es ist dies das immanente Bindeglied im Prozess des Entwerfens. Ob diese Ganzheit allerdings in Worten wirklich nachvollziehbar darzustellen ist, das mag jede Leserin und jeder Leser selbst beurteilen.

So gebe ich auch die zweite Auflage dieses Bandes in dem (augenzwinkernden) Bewusstsein heraus, dass zwischen gebautem Werk, seiner geistigen Konzeption und ihrer reflektierenden Beschreibung immer eine Kluft des Unbeschreibbaren bleiben wird - oder um es mit Paul Valéry zu formulieren: „Das Schöne erfordert vielleicht die sklavische Nachahmung dessen, was in den Dingen unbestimmbar ist."[3] Das Schöne ist diese Sehnsucht selbst - auch in der Architektur.

Dresden, Februar 2017

Anmerkungen:

1 Theodor W. ADORNO. *Ästhetische Theorie.* Frankfurt/M.: Suhrkamp Verlag 1970. S.127.

2 Paul VALÉRY. *Eupalinos oder Der Architekt. Eingeleitet durch Die Seele und der Tanz. Übertragen von Rainer Maria Rilke.* Frankfurt/M.: Suhrkamp Verlag 1993. S.99.

3 Paul VALÉRY. *Windstriche.* Frankfurt/M.: Suhrkamp Verlag 1995. S.67.

Eine Einladung zum Gespräch

Sehr geehrter ...,

mit einer speziellen Anfrage darf ich mich heute an Sie wenden, da ich Sie als Gesprächspartner für mein aktuelles Buchprojekt gewinnen möchte. Der Arbeitstitel des Buches lautet: „Werk, Ding, Zeug. Betrachtungen zum Wesen des Werkes in Gesprächen mit ... [Ihr Name]."

Die drei titelgebenden Begriffe gehen in ihrem Kern auf die Schrift *„Der Ursprung des Kunstwerkes" (1935/36)* von Martin Heidegger zurück, worin dieser das künstlerische Werk gegenüber den alltäglichen Gegenständen unterscheidet, die er als „bloßes Ding" oder als „dienendes Zeug" charakterisiert. Der Begriff „Zeug" meint dabei das Dienende: „Das Zeugsein des Zeuges besteht in seiner Dienlichkeit." (S.26) In seinem Dienen tritt das Dingliche im Zeug in den Hintergrund, es wird als Objekt quasi unsichtbar.

Das bloße „Ding" dagegen beschreibt Heidegger als „das vom Zeugsein entkleidete Zeug" (S.23), also als das, was vom Dinglichen bleibt, wenn es seinen dienenden Charakter verliert - oder was es vor seinem Dienen in seinem Ursprung als Objekt einmal war.

Ein „Werk" schließlich ist nach Heidegger dasjenige Artefakt, welches über sein konkretes Erscheinen hinaus einen zusätzlichen Inhalt in sich birgt. Die Betrachtung eines Werkes „offenbart Anderes [...]. Mit dem angefertigten Ding wird im Kunstwerk noch etwas Anderes zusammengebracht. Zusammenbringen heißt griechisch συμβάλλειν. Das Werk ist Symbol." (S.10)

Mich beschäftigt nun die Frage, ob die von Heidegger für das Kunstwerk vorgebrachte philosophische Differenzierung auch Relevanz für den Prozess des Entwerfens in unserer Disziplin der Architektur hat. Gerne würde ich Ihren Standpunkt zu dieser Thematik in das Buchprojekt einfließen lassen. Würden Sie sich für ein Gespräch zu diesem Thema bereit erklären?

In Erwartung Ihrer geschätzten Antwort,
Tom Schoper

Ähnlichkeit und Differenz
In neuem Kontext das Eigene anders spüren
Ein Gespräch mit Gion A. Caminada, Vrin

Kontext ist nicht allein Ähnlichkeit, Kontext ist Spannung aus Differenz.
Gion A. Caminada

Tom Schoper: In seiner Schrift „Der Ursprung des Kunstwerkes" (1935/36) hat der Philosoph Martin Heidegger versucht, das Wesen des Kunstwerkes über die Abgrenzung von den Dingen des Alltags herauszustellen. In unserem Gespräch soll es nun zum einen um die Frage gehen, ob die von Heidegger angeführten Begriffe „Werk", „Ding" und „Zeug" auch auf die Architektur übertragbar sind und ob sie dort überhaupt eine Relevanz haben.

Zum anderen möchte ich damit eine Brücke schlagen zu Deinem architektonischen Schaffen der vergangenen fünfundzwanzig Jahre: so wie ich Deine Bauten in Vrin und Umgebung kennengelernt habe, hat es vielleicht im Laufe der Zeit bei Dir die Absicht oder das Ziel gegeben, einen Bau, der zunächst rein dienenden Charakter hat, zu etwas zu führen, was über das reine Dienen hinausgeht, und was damit den Charakter eines architektonischen Werkes oder eines Dinges erlangt.

Gion A. Caminada: Die Frage, die Du hier stellst, scheint tatsächlich eine gewisse Aktualität zu haben. Der Begriff vom „Ding" hat ja in den letzten Jahren in der Architektur eine erhöhte Konjunktur. Das scheint mir nicht unproblematisch. „Ding" bedeutet für Heidegger doch soviel wie Zwecklosigkeit; das Ding ist zweckfrei, isoliert. Aber damit stellt sich natürlich sofort die Frage, ob das auch für die Architektur ein sinnvolles Ziel sein kann. Umgekehrt meint „Zeug" den ausschließlichen Bezug auf die Funktion. Kann sich Funktion aber überhaupt architektonisch ausdrücken?

Ein Beispiel für das Zeug ist ja der einfache Hammer, der eben nichts anderes ist als ein Werkzeug und auch nichts anderes sein will. Wenn wir aber zurückblicken in die Geschichte, dann könnte man demgegenüber den Eindruck haben, dass früher ein Werkzeug auch eine besondere Schönheit an sich hatte. Selbst die dienenden Elemente waren eben nicht ausschließlich dienend. Sie waren zudem schön gearbeitet, schön für die Hand, schön auch für das Auge. Diese Mehrdeutigkeit von einst machte den Hammer in gewisser Weise wertvoll und bedeutend, unabhängig von den Interessen.

Dennoch ist beim Hammer die Frage nach seiner Schönheit untergeordnet gegenüber seiner Funktion. Der Hammer selbst wird ja quasi unsichtbar in seinem Benutzt-Werden – und das weist ihn als ein Zeug aus. Diese Frage nach Sichtbarkeit und Unsichtbarkeit eines Objektes können wir damit auch auf die Architektur übertragen, zum Beispiel auf eines Deiner ersten Gebäude, die Geissenalp (1990–1992) in Puzzatsch oberhalb von Vrin. In der Erscheinung ist diese ja sehr pur, auf den ersten Blick wenig gestaltet, fast anonym anmutend.

Und im Vergleich Deiner Projekte von damals bis heute frage ich mich, ob sich in Deiner Entwicklung nicht sukzessive ein Weg eröffnet hat, der dem einzelnen architektonischen Objekt nun eine andere Charakteristik zuweist, im Sinne einer eigenen „Bedeutung" im Bauwerk. Diese zeigt sich zum Beispiel schon an den Wirtschaftsgebäuden Sut Vitg (1995–1998), deren Fassaden ja ein eigenes gestalterisches Muster oder Motiv erhalten.

Und Du hast dabei das Gefühl, dass Du daran eine gewisse Überflüssigkeit feststellen kannst? Überflüssigkeit meine ich jetzt gar nicht im negativen Sinn, sondern als ein Über-den-reinen-Zweck-Hinausgehen, in dem Sinne, dass hier nicht mehr jedes Element nur dienend und konstruktiv notwendig ist. Natürlich sagst Du nicht, dass diese Fassade eine Lüge ist, die nur vorgeblendet ist, sondern dass sie schlicht ein wenig kokettiert mit der eigentlichen inhaltlichen Frage nach Konstruktion und Dekor. Die Motive, die du bei den Wirtschaftsgebäuden in Sut Vitg ansprichst, wären ohne die Anwesenheit der Konstruktion, ohne ihr Sichtbarmachen so nicht denkbar.

Mich interessiert hier vor allem der gedankliche Weg und der mögliche Wandel in der architektonischen Auffassung hinter der Gestaltung. An der Geissenalp meine ich die von Dir angesprochene „Überflüssigkeit" noch nicht wahrzunehmen: es ist ein einfacher Holzbau mit Pultdach.

Aber auch die Geissenalp hätte ich noch einfacher, noch puristischer machen können. Das Gemäuer und der Sockel haben ja schon etwas, was bereits über das rein Notwendige hinausgeht. Ich hätte als Sockel auch nur eine einfache Wandschale betonieren können – aber ich habe einen Rahmen wie einen Tisch gebaut, der mit den eingestellten Steinen ausgefacht ist. Das geht schon über einen Purismus hinaus. Hier stand vom ersten Moment an eine „Idee" im Vordergrund, nämlich die Idee des Schutzes. Wir wollten zudem nur wenig Fremdmaterial an diesen abgelegenen Ort

bringen. Diese verschiedenen Absichten haben dann die Form beeinflusst.

Die Frage ist doch immer die gleiche: Wie entsteht eine Idee, wie kommt eine Idee zum Projekt? Ich will in dieser Phase noch gar nicht von einem Werk sprechen. Wie und woraus bildet sich diese Idee in uns Architekten? Ich kritisiere sehr stark die Architektur, die sich in ihren Entwürfen ausschließlich auf Bilder bezieht oder beruft. Natürlich ist es nicht unmöglich, mit Bildern zu entwerfen und so den Entwurf zu beginnen, aber man muss doch kritisch hinterfragen, was die Bilder, die wir dabei verwenden, jeweils „kulturell" bedeuten. Wenn ich einen neuen Entwurf beginne, verwende ich Bilder eher als Referenzen. Aber ich versuche dabei, die bestehenden Bilder zunächst inhaltlich zu verstehen, ihre innere Logik nachzuvollziehen, aus der heraus sie in ihrer Zeit jeweils entstanden sind. Welches sind die Ursachen, gibt es überhaupt solche? Erst wenn ich mich den Bildern so angenähert habe, kann ich weitergehen und dann meine eigenen Bilder produzieren – und das bedeutet gleichermaßen, dass dann die Bilder nicht mehr nur Abbilder oder Abbildungen sind, sondern zu Trägern einer eigenen Geschichte werden und für eine Bedeutung stehen.

Wann also verspricht eine Idee etwas, wann nicht? Bei der Geissenalp ist die Idee nicht ein konkretes Bild oder Vorbild, sondern eher ein Modus des Verhaltens, der mir bei den Tieren vertraut ist, also die Art und Weise, wie die Tiere Schutz suchen und finden: die Geissen suchen immer Schutz unter einem Stein. Geissen sind wasserscheu, sind extrem sensibel gegenüber Regen, anders als Schafe. Insofern sollte der Stein in seiner Bedeutung als konkreter Schutz für die Geissen in der Schichtung im Gemäuer sichtbar sein. Ich habe also kein Bild nachgestellt, sondern versucht, im Bauwerk ein Phänomen umzusetzen: zum einen der Schutz in einer denkbar einfachen baulichen Form als ein Stall mit Pultdach, zum anderen aber doch mit einem Verweis auf die Geissen, für die der Stall so gemacht ist. Dieser Normalität wollte ich nachgehen. Immer wieder stellt sich für mich die Frage, auch bei anderen Projekten, ob sich Gewöhnlichkeit überhaupt entwerfen lässt.

Mit Deinem Hinweis auf den kulturellen Aspekt sprichst Du ja das Zeichenhafte in Bildern an – was in einem Bild ist Repräsentation, was ist Interpretation? Dein Widerstand gegen den Umgang mit Bildern im Entwurf begründet sich meines Erachtens aus der notwendigen Differenzierung der Begriffe „Abbild" und „Erscheinung". Wenn man nämlich versucht, ein Bild im Sinne eines Abbildes unmittelbar zu kopieren, dann kommt es zu dem von Dir angesprochenen kulturellen Problem. Wenn man aber nach der hinter dem Bild stehenden „Erscheinung" fragt, dann geht es eben auch darum, was das Bild auslöst und dann kommt man durch seinen Umgang mit dem Bild als „Erscheinung" zum Wesen dessen, was das Bild transportieren soll und kann - so wie Du es mit dem Begriff „Phänomen" benennst. Insofern verstehe ich Deine Kritik an dem Umgang mit Bildern als eine Kritik an allzu festgelegten Vorbildern.

Im Entwerfen habe ich eigentlich immer versucht, das Bild hinter mir zu lassen und die gestellte Aufgabe, also den reinen Zweck, mit etwas aufzuladen, was man vielleicht „Poesie" nennen kann, auch wenn das im Verdacht stehen mag, etwas willkürlich zu wirken. Was mich ständig begleitet, ist die Frage nach der Poesie der Konstruktion. Wir haben zuletzt zwei Semester nach der „Poesie der Konstruktion" gesucht, nach einer möglichen „Aura" darin. In einer Konstruktion finden wir dann Poesie und Aura, wenn sie eben mehr ist als nur statisch korrekt, mehr ist als nur präzise, wenn also etwas anderes noch in ihre Erscheinung hineinspielt, wenn es ein „Anderes" darin gibt. Ich sage immer, eine Konstruktion soll auch eine gewisse Dekoration aufweisen - Dekoration ist vielleicht ein Begriff, der missverstanden wird ...

... wobei der Begriff des Dekors ursprünglich und wörtlich ja tatsächlich das „Angemessene", das „Passende" meint, also dasjenige, was in der Erscheinung etwas wiedergibt, das sowohl der Nutzung des Gebäudes wie auch dessen Bauweise „entspricht".

Ich will Dir dafür ein Beispiel nennen: Wenn wir in Vrin bei den Wirtschaftsgebäuden stehen, die Du vorher angesprochen hast, bei der Gebäudegruppe Sut Vitg, und uns dort im Speziellen die Mazlaria ansehen, die Metzgerei, dann wirst Du kleine Klötzchen in der Fassade wahrnehmen, die nicht einfach sinnlos oder rein graphisch in die Fassade eingebracht sind.

Sie haben einerseits eine konstruktive Funktion: es gibt solche Klötzchen mit sichtbarem Stirnholz, das ist die innere Konstruktion, die sich in der Fassade zeigt. Und dann liegen dazwischen Klötzchen, deren Faserrichtung in der anderen Richtung verläuft. Diese haben die Funktion, die horizontalen Bretter der äußeren Fassadenverkleidung zu stabilisieren, in Form zu halten, so dass sich die in Längsrichtung aufgestellten Bretter horizontal nicht durchbiegen. Ablesbar ist das, wie gesagt, nur an der

Faserrichtung der Klötzchen – und nachtäglich damit auch an der dunklen Färbung der Balken am Stirnholz. Die Klötzchen werden zwar statisch-konstruktiv eingesetzt, aber sie sind für mich auch eine Form von Dekoration. Insofern ist es für mich immer auch von Interesse, dass die Konstruktion eine Art Dekoration aufweist. Beim Strickbau erreichen wir dieses Ziel durch die Sichtbarmachung der Gewände eigentlich relativ einfach – das ist schon fast genug „Zeichnung" auf der Fassade, die meinem Wunsch nach dem „Mehr" entspricht.

Bleiben wir doch noch einen Moment bei dem Begriff des Poetischen und seinem Ursprung. Der altgriechische Begriff der „poiesis" bezeichnet ja das „Hervorbringen" von etwas im Sinne der reinen Umsetzung einer Idee in das Konkrete, und zwar ohne dasjenige Besondere, was wir heute mit dem fast gleichlautenden Begriff der „Poesie" beschreiben. Wenn Du jetzt nach der „poetischen" Qualität der Konstruktion suchst, nach ihrem möglichen „Mehr", dann wären wir damit bei Heideggers Definition des Werkes, das auf etwas Übergeordnetes verweist, nicht nur auf das reine Sichtbare.

Das Poetische meint bei uns unbedingt etwas Mehrdeutiges, ein Interpretationsvolumen, genauso wie der Begriff der Idee nicht etwas exakt Definiertes darstellt. „Idee" weist vielmehr auf etwas Bestimmtes hin, und darin spürt man aber zudem noch einen relativ großen Spielraum für die eigene Intervention: ein bewusstes Hinweisen auf etwas, ohne absolut sein zu wollen; eine nur richtungsmäßig bestimmende Vorgabe für die Grundfrage: wohin geht der Entwurf, wie entwickelt sich etwas? Wenn ich alles schon ganz präzise wüsste in der Idee, dann ereignet sich eigentlich nichts mehr. Mir geht es darum, im Entwurfsprozess diesen Spielraum auszuloten ...

In diesem Sinne sehe ich meine Entwürfe als „Handwerk". Das bedeutet für mich: geduldig etwas machen, etwas herstellen, das dadurch einen Wert bekommt. Es ist eine Art Gedankenübung und Gedankenaustausch mit den Gegebenheiten einer jeden Zeit. Und so wie die Zeit einem Wandel unterliegt, so unterliegen unsere Entwürfe einem Wandel in der Anschauung. Nicht alles, was wir vor zwanzig Jahren gemacht haben, kann heute noch unvermindert Gültigkeit für sich beanspruchen – aber wir können auch heute noch über die Idee hinter dem Werk sprechen und diese dann umso objektiver diskutieren.

Wenn ich ein Beispiel anführen darf, dann könnte ich unseren Umgang mit dem Begriff der Idee an dem Mädcheninternat Unterhaus (2001–2004)

in Dissentis erläutern. Hier hatten wir zwei wichtige Entwurfselemente, die ich als Idee bezeichnen würde, die vielleicht aber auch Metaphern der eigenen Thematisierung des Entwurfes sind, ausgehend von den jeweiligen Bedürfnissen. Das eine ist der Wunsch nach dem Geschützt-Sein in der Fremde; wir wollten also ein „Nest" bauen. Wohlgemerkt ist „Nest" nur als Metapher zu verstehen, nicht als das konkrete Abbild eines Geflechtes; es kann nicht darum gehen, diese Metapher ganz wörtlich oder bildhaft in Architektur umzusetzen; es geht vielmehr darum, die Geborgenheit, die wir mit dem Begriff des Nestes verbinden, in den Entwurf einzubringen.

Das zweite Element betrifft das Thema des Miteinanders, also die „Kommunikation" innerhalb des Hauses. Die Mädchen machen ja in einem Alter von zwölf, dreizehn Jahren ihre ersten Schritte in einer fremden Umgebung mit anderen Menschen. Wir haben daher versucht, Wege und Strukturen im Haus zu erdenken, konkrete Beziehungen zu bauen, die dann eine Kommunikation im Haus ermöglichen. Für die Entstehung von Beziehungen geht es immer um zweierlei: einerseits darum, Möglichkeiten zur Begegnung zu eröffnen, gleichermaßen soll man sich aber auch aus dem Weg gehen können. Beziehungen fordern Entscheidungen. Für uns ist es wichtig, solche Gedanken in der Auseinandersetzung mit der Aufgabe aufzunehmen und diese umzusetzen in Architektur.

Die genannten Motive bestimmen somit den Charakter der Räume: das Motiv des „Nestes" betrifft den Bereich der privaten Mädchenzimmer, während das Motiv der „Kommunikation" die skulpturale Ausformulierung des Treppenhauses bedingt.

Architektur ist zwar in erster Linie Topographie, Raum, Konstruktion, Material. Genauso wichtig aber sind für uns Zufälle, Ereignisse, Emotionen. Für mich ist das gleichzusetzen. Ein Haus, das nur konstruktiv richtig ist und kein Unvorhergesehenes zulässt, kann nicht befriedigen - vor allem, wenn ich Architektur als eine kulturelle Überlegung ansehe, als ein Überlagern von verschiedenen Einflüssen. Natürlich ist es nach wie vor wichtig, gutes Material auszuwählen, einen guten Umgang mit der Topographie herzustellen. Aber Raumbildung ist wahrscheinlich das allerwichtigste in der Architektur.

Raumbildung ist etwas grundlegend anderes als Raumgestaltung. Wenn ich den Begriff der Raumgestaltung in unsere hiesige romanische Sprache übersetze, dann wird es irgendwie hässlich - es impliziert, man könne alles schon im Entwurf vorwegnehmen, und am besten gestalten wir die Bau-

ern auf dem Feld gleich mit dazu. Aber die phantastischen Landschaften, die wir hier haben und die wir heute nach wie vor schätzen, an denen wir uns tagtäglich abarbeiten, sind immer auch Spuren aus der Wechselwirkung der Bebauung im Umgang mit der Landschaft: Raumbildung betrifft Innen und Außen, hier verstanden als Staffelung von Böschungen, die nicht einfach nur gezeichnet sind, sondern die das Natürliche mit dem Geplanten verbinden. Es sind Ursachen, die zu diesen Bildern geführt haben. Vielleicht ist es heute nicht mehr möglich, so etwas zu machen, vielleicht sind die Geräte, die wir heute für die Herstellung der Infrastruktur brauchen, zu wuchtig und zu hässlich. Sie hinterlassen große Gräben - und nicht mehr nur Spuren in der Kulturlandschaft. Zudem haben wir heute Wahlmöglichkeiten. Und wir leben gleichzeitig in mehreren Realitäten.

Aber im Grunde geht es um Raumbildung. Einen Raum zu bilden heißt für mich, sich mit allen Sinnen dem Raum zu widmen; ich ordne nicht nur, sondern ich fühle auch etwas. Ich denke, es geht hier um Wertvorstellungen, die jeweils für sich stehen, nicht um vorab festgelegte Bedeutungen, nicht um vorab festgelegte Bilder.

Das heißt auch, dass jeder Einzelne diese Wertvorstellungen, die sich im Objekt zeigen, unterschiedlich wahrnehmen wird. Denn natürlich können wir im einundzwanzigsten Jahrhundert nicht mehr davon ausgehen, dass Werte und Bedeutungen allgemeingültig wahrgenommen und geteilt werden.

Und manch einer nimmt vielleicht auch gar nichts wahr. Die Herausforderung liegt doch darin, aus einem Element etwas zu schöpfen und das scheinbar Unscheinbare wertzuschätzen. Nehmen wir das Fenster hier im „Atelier Gisel“ [1]: heute werden Fenster ja oft eingesetzt, um ein so genanntes „Panorama“ hinaus in die Landschaft zu erzeugen; nur das allein interessiert uns nicht. Es ist vielmehr die Unmittelbarkeit, die uns an dem Element „Fenster“ interessiert. Ein Fenster ist ja mehr als nur eine Glasscheibe zum Durchschauen - es ist der Ort im Haus, der den Kontakt nach außen ermöglicht. Im Mädcheninternat in Dissentis können die Mädchen im Fenster sitzen und hinunter auf die Straße schauen. In der Stiva da morts (1995-2002), der Totenstube in Vrin, sind die Fenster formal ähnlich ausgebildet, aber dort sind sie anders bedingt, sie bedeuten etwas anderes: natürlich kann man einerseits hinausschauen, aber man kann sich trotzdem in dem schmalen, tiefen Flügel quasi verstecken. Man wird von draußen nicht gesehen, die Trauernden sind den Blicken von draußen nicht ausgesetzt. Das Fenster ist mehr als eine notwenige Trennschicht zwischen innen und außen und mehr als ein Bild.

Um damit vom einzelnen Element noch einmal auf die Frage nach den Wertvorstellungen im Bauen zu sprechen zu kommen: Insgesamt interessiert mich die Frage, ob und wie wir das Wesen der einzelnen Elemente in der Architektur wieder ernst nehmen können; und ob wir von der aktuell überbordenden Technik im Bauen zu der Sinnlichkeit im ursprünglichen, überlieferten Bauen zurückfinden können. Der übliche Weg heute ist doch folgender: wir haben einen Raum und eine Funktion, und dann holen wir die Technik und schauen, dass hinterher alles „funktioniert“, so dass der Raumgedanke von der Technik unterstützt wird. Ich würde es stattdessen vorziehen, aus Form und Raum und Konstruktion und Material heraus ein Ganzes zu schöpfen.

Im Rahmen einer Forschungsarbeit an meinem Lehrstuhl versuchen wir die ganz ursprünglichen physikalischen Phänomene, die nicht vom Menschen entwickelt worden sind, wieder ins Zentrum des Entwurfes zu rücken. Dieses Wissen ist fast verschwunden. Ich bin überzeugt, dass hier vieles möglich wäre, was wir gar nicht mehr vor Augen haben. Andere Raumqualitäten können zu anderen Verhaltensformen führen. Die „soziale Effizienz“ wäre ein Thema in der Energiedebatte. Und wer weiß, vielleicht werden Werte und Bedeutungen doch wieder allgemeingültig, selbst im einundzwanzigsten Jahrhundert.

Bitte versteh‘ mich jetzt nicht falsch: Ich verteufle die Technik nicht, aber wenn wir die Technik anders einsetzen würden, mit dem Anspruch auf Neugier im Machen, auf Sinnlichkeit im Erleben, dann könnte eine neue Qualität entstehen in der Beziehung zwischen Raum, Material und Landschaft. Die installierte Technik wäre ein Edelstück.

Lass‘ uns doch noch einmal auf die einleitenden Begriffe für dieses Gespräch zurückkommen: eingangs hattest Du gesagt, es erscheine Dir, dass der Ding-Begriff für die Architektur in den letzten Jahren präsent geworden sei. Hattest Du Dich denn selbst mit dem Dinglichen in der Architektur auseinandergesetzt?

Es gibt heute wohl zwei Hauptströmungen in der Architektur: in der einen herrscht das objekthafte Gestaltdenken vor, in der anderen ist das Denken vom Architekten als Technik-Spezialisten bestimmend. Mit letzterem meine ich diejenigen Architekten, die „Krafthäuser“ bauen, wie ich sie am liebsten nennen möchte, also energieeffiziente Häuser oder Null-Energiehäuser. Sie folgen der Technik – ihre Häuser sind aber nichts weiter als nur dies. Das ist natürlich zu wenig, wenn wir von Architektur sprechen wollen oder sogar von einem architektonischen Werk. Dieses einschränkende Denken isoliert ein Gebäude in seinem Spezialistentum. Diese technischen Häuser sind gemäß der Auslegung Heideggers eigentlich „Zeug".

Objekthaft im Sinne der Objektgestalt heißt dagegen: ich bin autonom. Autonomie ist allerdings ein weit gefasster Begriff, dabei grundsätzlich durchaus nicht negativ behaftet, denn auch wir legen unseren Studenten eine gewisse Eigengesetzlichkeit nahe: sie sollen sowohl deren Grenzen wie auch den möglichen Freiraum darin erspüren. Gleichermaßen wichtig für die Autonomie ist der Begriff der Sinnlichkeit: um autonom zu sein, muss man zunächst einmal sinnlich sein. Autonomie als Gebäude heißt: für sich stehen, auf sich selbst bezogen sein. Um ein Volumen in einen Kontext zu setzen, muss man sich ja von vielem freimachen – nur um zu fragen: was ist die Kraft dieses einen autonomen Körpers? Ein gutes Gebäude ist dabei notwendig zu beidem fähig: einerseits zur Autonomie, und andererseits auch dazu, Beziehungen einzugehen.

Das können wir sogar mit einem Menschen vergleichen: Wie soll ich mit Dir in eine Beziehung treten, wenn Du nicht eine gewisse Autonomie hast? Ohne Dein eigenes Selbst bist Du kein Partner für mich im Diskurs. Nur dadurch, dass Du diese eigenen Vorstellungen hast, können wir überhaupt diesen Dialog führen. Mehr Autonomie bedeutet also keinesfalls weniger Solidarität. Eben diesen Gedanken können wir auf die Gebäude anwenden. Wenn wir uns die Häuser in Vrin anschauen, dann ist das wie eine Schar von Gleichgesinnten – fein nuanciert voneinander, unterscheidbar. Und doch steht jeder Bau für sich. Erst die Widerständigkeit des in sich Gekehrten verleiht einem Ort oder einem Haus die notwendige Eigenart, die notwendig ist, um überhaupt eine Beziehung mit seinen Bewohnern einzugehen. Doch die Autonomie in der Architektur hat ihre Grenzen.

Die Herausforderung liegt also darin, wie weit wir diese Denkweise auch gestalterisch führen können. Wenn wir die architektonischen Objekte einer ernsthaften Betrachtung unterziehen, dann stehen wir vor der Frage: Was tragen diese zum Wesentlichen in unserem Leben bei? Bleiben sie nicht eigentlich für sich jeweils hermetische Kunstobjekte? Diese Art von Architektur kann ja niemals zum Gewöhnlichen, zum Alltäglichen werden – und das ist es, was ich an dieser Art der Objektarchitektur kritisiere: dass diese Artefakte so sehr auf Besonderheit und Ausgefallenheit ausgerichtet sind. Reicht das aber für die Architektur?

Du fürchtest also die Gefahr, dass diese Objekte zu Vorbildern werden, obwohl sie von ihrem Charakter her Einzelwerke sind?

Ich spreche nicht grundsätzlich ab, dass daraus außergewöhnliche Objekte entstehen können. Die Frage ist nur, wieviele solcher Objekte die Welt verträgt. Das gelingt doch nur im Einzelfall und nur den besten Architekten. Ich behaupte auch nicht, dass Objekt-Architektur nur eine subjektive Wahrnehmung sei. Gute Architektur ist immer Arbeit am Einzelobjekt. Es sind oftmals gerade diese großartigen Objekte, die uns weiterbringen und sogar Multiplikationseffekte nach sich ziehen. Für den Kulturphilosophen Ernst Cassirer entsteht Kultur dann, wenn es gelingt die passive Welt der bloßen Eindrücke zu einer für den Menschen verstehbaren Wirklichkeit umzuformen.[2] Ich möchte allerdings einfordern, dass dieser Diskurs nicht isoliert von der Perspektive einer Ganzheit geführt wird. Die Gefahr sehe ich zunehmend darin, dass die Studenten aus der Hochschule kommen und solche Objekte bauen wollen. Aber das gelingt nicht auf Anhieb, das führt zur Katastrophe. Es braucht Zeit, um solche objekthaften Entwürfe zu machen; und es braucht Erfahrung.

Erfahrung hat ja nicht nur mit Kenntnissen im Bauen zu tun, es ist auch eine Bewusstwerdung im Sehen. Immer wieder geschieht es, dass Du plötzlich etwas siehst, was Du vorher für unmöglich gehalten hast, etwas Wesenhaftes, das zuvor für Dich noch nicht nachvollziehbar war. Und das ist einerseits eine Qualität, andererseits birgt es auch eine Gefahr, weil Du Dich immer fragen musst, wie nachvollziehbar das ist, was Du selbst wahrnimmst: Gilt das auch für Andere? Auch die eigene Wahrnehmung ist immer ein Befragen des Gewöhnlichen im Gegensatz zum Besonderen.

Darin höre ich den ursprünglichen Inhalt des Begriffes der „aisthesis" heraus. Diese bezeichnet, wie Heidegger ausführt, „als solche ein Abheben von etwas gegen ein anderes (Unterscheiden)."[3] Zwischen der von Dir gerade geschilderten unvertrauten Wahrnehmung des Vertrauten einerseits und der Thematisierung des Kontextes andererseits können wir einen Bezug herstellen: Du sagst ja, es braucht sowohl eine Art Ähnlichkeit, vielleicht könnten wir das „Familienähnlichkeit" nennen, als auch Autonomie. Also spannt sich da ein Feld der bewussten Uneindeutigkeit auf.

Zunächst braucht es eine Hierarchie. Der Kontext muss hierarchisch begründet sein. Das erst schafft die Möglichkeit zur Orientierung. Der Mensch kommt ohne Hierarchie nicht aus. Gerade das kulturell geprägte

Dorf besteht aus einem Geflecht von Hierarchien. Darin sind Objekte, die als Einzelne aus dem Kontext herausragen, eine absolute Notwendigkeit. Ohne diese funktioniert das Dorf gar nicht. Gerade im Dorf stellen wir fest, dass der Begriff vom „Hineinpassen“ nicht immer brauchbar ist. Die Kirche von Vrin ist eigentlich ein Fremdkörper zu den anderen Bauten. Sie hat im Kontext jedoch eine hohe Bedeutung.

Seit längerer Zeit schon verfolgen wir eine weitere Forschungsarbeit, um die Frage der Reaktion im Kontext nachvollziehbar zu machen, quasi wissenschaftlich zu klären. Wir versuchen darin Regeln zu beschreiben, nach denen ein Entwurf dem Kontext gemäß ablaufen kann. „Differenz“ ist dabei unser heiliges Stichwort - Differenz als Beziehungsbegriff: erst wenn Du deine Qualitäten verstärkst und ich meine, entsteht ein Unterscheidungskriterium für kraftvolle Beziehungen. Wir haben dazu folgende Thesen zur Differenz formuliert:

Erstens: Differenz ist nicht das bewusste Anderssein eines Einzelnen, sondern die Stärkung der Kräfte des jeweils Anderen, also der Fähigkeiten des Einzelnen. Zweitens: Das Bild entsteht auf Basis der gegebenen Ursachen. Drittens: Die Eigenschaften des Ortes und auch der Menschen vor Ort müssen erkannt werden. Viertens: Es braucht ein Quantum an Fast-Gleichem, damit eine Ganzheit entsteht. Fünftens: Das Ziel lautet Identität - das ist das Wesentliche. Identität ist ja nicht einfach da, Identität muss produziert werden, muss erdacht werden, braucht in sich ein Konzept und muss gelebt werden. Ohne Differenzen gibt es keine Identität. Immer öfters sehe ich die Schaffung von Identität - in meinen Augen ein tief menschliches Bedürfnis - als die eigentliche Triebkraft des Entwurfes an.

Offen gesagt hätte ich vor unserem Gespräch den Begriff der „Differenz“ nicht unmittelbar als Leitmotiv Deiner Arbeit angesehen. Aber wenn ich Differenz im Sinne der „différance“ [4] nach Jacques Derrida auffasse, dann offenbart das scheinbar Gleiche seine Unterschiede eben erst im spezifischen Blick, eben durch die Kenntnis hinter dem Offensichtlichen. Um das zu verdeutlichen, hat Derrida ja das (Kunst-)Wort der „différance“ erfunden: seine tatsächlich falsche Schreibweise ist nicht im Sprechen wahrnehmbar, sondern nur im Schreiben. In dieser Form von Differenz spielt Ähnlichkeit natürlich die entscheidende Rolle - bei Derrida ist es ja nur ein Buchstabe, der anders ist -, denn sonst funktioniert das hintergründige Spiel gar nicht.

In diesem Sinne können wir nochmals auf Vrin schauen: Die Gebäude von Vrin ähneln sich wie die Mitglieder einer Familie - und an einem anderen

Ort ähneln sich die Gebäude auch, wenn auch auf andere Weise. An diesen Kontexten bin ich interessiert, und eben auch an ihren Unterschieden. Kontext ist nicht allein Ähnlichkeit, Kontext ist Spannung aus Differenz.

Ist diese scheinbare Paradoxie zwischen Ähnlichkeit und Differenz ein Gedanke, der Deine Arbeiten seit jeher begleitet?

Es ist wohl die Kombination aus inneren Bildern und Erfahrungen. Vieles entsteht, ohne dass man es tatsächlich lernen kann - und darin liegt ja vielleicht auch der Sinn des Älterwerdens, dass man Erfahrungen gemacht hat, etwas durchlebt und durchlitten hat, was einem dann irgendwann weiterhilft. Es ist eine Leidenschaft, die man in sich selbst finden muss. Gewisse Dinge kann man nicht forcieren, sie entstehen durch das Leben.

Ein Schaf und eine Kuh - das sind unterschiedliche Wesen. Die allgemeine Wahrnehmung von einer Kuh entspricht nie dem, was sie tatsächlich ist - nämlich ein durch und durch faszinierendes Wesen, mit den schönsten und tiefsten Augen, die man sich vorstellen kann. Umberto Eco sagt: eine Kuh ist immer ganz Kuh. Die Gegenwart einer Kuh ist absolut beeindruckend - es ist eine schlichte, natürliche Gestaltwerdung von „Masse". Daran lernst Du, was Masse eigentlich bedeutet: eine einzige Kuh ist schon eindrücklich, aber eine Kuhherde ist etwas Gewaltiges.

Können wir darin eine Metapher erkennen in dem Sinne, dass es Dir auch in der Architektur um das geht, was Architektur an sich ist, nämlich zunächst eine reine „Präsenz"? Mit anderen Worten: Geht es Dir auch darum, einem Haus keine Bedeutung überzustülpen, die ihm selbst nicht einbeschrieben ist, die es nicht aus sich selbst heraus begründet?

Der Begriff der „Präsenz" trifft es gut, Präsenz und Unmittelbarkeit beschreiben ein wichtiges Themenfeld, das hier aufscheint. Differenz ist das andere Thema, und zwar verstanden als Kriterium der Unterscheidung. Wenn wir nämlich nach einer Methode suchen, um an Orten eine eigene Stärke herauszubilden, eine eigene Identität zu erkennen, dann genügt eben nicht nur ein Element - wir brauchen eine Mehrzahl, um die einzelnen gegeneinander zu unterscheiden. Die Bauten in Vrin habe ich analog dieser Metapher der Differenz und der Identität entwickelt, als eine Differenz des Gleichen. Es braucht gerade dieses Quantum des Fast-Gleichen, damit Identität wirksam wird.

Damit sprichst Du eine Differenz an, die nicht primär auf eine ästhetische Besonderheit abzielt, sondern auf eine bewusste Andersartigkeit, die hinter der sichtbaren Ähnlichkeit aufscheint.

Wenn wir die alten Dörfer und Orte anschauen, dann haben wir zunächst den Eindruck, alles in ihnen sei gleich. Aber in dieser Einheit steckt etwas ungeheuer Kraftvolles. Und dieses Kraftvolle bleibt in unserem Gedächtnis zurück als Erinnerung. Wenn wir dagegen heute in ein Quartier der so genannten „Zwischenstadt" kommen, und jedes Gebäude dort ist erzwungen anders, dann ist das Ergebnis keineswegs kraftvoll und auch nicht einmal differenziert. Das Ergebnis spricht paradoxerweise von Uniformität: jedes Gebäude will hier gleichermaßen besonders sein, will sich vom anderen absetzen - aber das jeweilige Gedankengut dahinter ist das gleiche. Daraus entsteht ein Brei, der architektonisch und städtisch unbrauchbar ist, weil bei gleicher Intention nur die ästhetischen Mittel voneinander abweichen und diese mit größtmöglicher Unterschiedlichkeit auf Individualität abzielen. Das Ganze aber hat keine Kraft.

Die Lehre daraus wäre, Baugesetze entsprechend zu formulieren, weil die ja offensichtlich nicht funktionieren in den Gemeinden. Es geht darum, Kontexte zu stärken; Vrin überzeugt ja nur, weil es als Ganzes eine Kraft ausstrahlt, weil die Ähnlichkeit die Homogenität unterstreicht und diese wahrgenommen wird.

Es tritt in diesem Themenfeld noch ein weiterer Begriff in den Vordergrund: Tradition. Für mich erscheint es, als sei Tradition der Stoff, der im Kern Deine Arbeit ausmacht, mit dem Du Dich auf eine je eigene Weise durch die Art der Handwerklichkeit, Materialisierung und Formgebung auseinandersetzt, um daraus dann das zu schöpfen, was Du gerade als Differenz innerhalb des Gleichen beschrieben hast.

Tradition wird heute oft falsch verstanden, nämlich zuvorderst als ein Bild, das sich möglichst nicht verändern darf. Tradition müssen wir demgegenüber eher ontologisch auffassen im Sinne der Frage nach dem, was etwas von seinem Wesen her eigentlich ist. Ich bin heute sehr froh darüber, dass ich so nah aufgewachsen bin an den Dingen. Tradition ist etwas, das man nicht aus dem Lehrbuch lernen kann, das muss man spüren, damit muss man sich auseinandergesetzt haben, es ist ein Teil von einem selbst - viel mehr als nur der oberflächliche Schein eines Bildes. Mit anderen Worten: Tradition hat man oder man hat sie nicht.

Nun ist das ja eine spezielle autobiographische Notiz von Dir - Du bist dort aufgewachsen, wo Du später dann Deine Arbeit als Architekt aufnehmen konntest. Wie sieht es aber aus, wenn jemand diese Voraussetzung nicht hat? Welche Möglichkeit gibt es, sich diesen Begriffen und Fakten der Tradition und ihrem notwendigen Wandel auch später in seinem Leben zu öffnen oder sich diese anzueignen?

In unserer Lehre an der ETH nennen wir diese Auseinandersetzung „Nähe zu den Dingen": dabei geht es darum, Eigenarten begreifen, Nähe gewinnen zu wollen; und es geht darum, Ursprünge wieder nachzuvollziehen. Wenn mich vor einigen Jahren jemand gefragt hätte, ob ich auch außerhalb meines eigenen Kontextes bauen und entwerfen könnte, hätte ich vielleicht noch anders geantwortet. Heute aber sehe ich darin auch die Option, sich einem Ort als eigenes Konstrukt und in seiner eigenen Idee anzunähern. Orte sind nicht einfach da, Orte werden gemacht. Es geht also mehr um die Frage, ob man die Spielregeln eines Kontextes auch weiterführen kann.

Entwerfen heißt für mich, das kulturelle Gepräge eines Ortes aufzunehmen und dieses weiterzuführen. Neulich war ich bei einer Podiumsdiskussion, bei der es auch um das Entwerfen im internationalen Rahmen ging, und man hat mich gefragt, ob ich auch in China entwerfen könnte - und ich habe geantwortet: so gut wie Ihr könnte ich das wahrscheinlich auch; aber ich müsste meinen eigenen Anspruch dabei unglaublich stark zurücknehmen, einen Anspruch, der mir vorher schon sagt, ob ich mit meinem Entwurf Einfluss auf einen Ort nehmen kann; und das bedeutet für mich noch immer: den Ort zuvor verstanden zu haben oder seine möglichen Entwicklungspotenziale auszumachen. Erst dann kann ich für den Ort etwas bewirken.

Ich unterscheide die Wahrnehmung von Orten in drei Aspekten: die sinnliche, intellektuelle und die virtuelle Wahrnehmung. Die ersten beiden Ebenen brauche ich nicht zu erläutern; die letztere aber, die virtuelle Wahrnehmung, betrifft die Chancen und Risiken an einem Ort durch meinen Einfluss: was löst der Entwurf dort aus? Ich denke, dass man dies nur dann antizipieren und beantworten kann, wenn man den Ort einschließlich des besonderen Vermögens der dort lebenden Leute wirklich kennt.

Um damit nochmals auf Vrin zurückzukommen: wo lag seinerzeit die Basis für dieses Projekt? War es die Auseinandersetzung im Sinne einer wirtschaftlichen Sichtweise, war es die Notwendigkeit zum Überleben, oder ein nostalgischer Wunsch?

Lass' mich zunächst folgendes festhalten: Vrin ist für mich kein „Projekt". Es ist eine andauernde Auseinandersetzung, eher eine Lebenshaltung. Kein Anfang und kein Ende. Wenn ich nun auf die zurückliegenden fünfundzwanzig Jahre blicke, dann wird mir klar, wie viel sich grundsätzlich in dieser Zeit geändert hat. Ich trete den Vrinern hoffentlich nicht zu nahe, wenn ich das Miteinander seinerzeit im Dorf als eine Art Schicksalsgemeinschaft bezeichne: man war aufeinander angewiesen um den Preis des gemeinsamen Lebens, ja Überlebens, man stand vor der Frage, wie man das Leben erträglicher machen kann an diesem Ort; vielleicht war das der eigentliche Ausgangspunkt. Unterdessen ist es anders: die Gemeinschaft, wie sie damals war, gibt es heute nicht mehr. Vielleicht liegt es an der Gemeindereform - die Gemeinde ist zu groß geworden, als dass der Einzelne sich noch für das Ganze mitverantwortlich fühlt. Zumal dieses neue Ganze, also auch die Nachbargemeinde, dann eben in einer größeren örtlichen Entfernung liegt, was vielleicht auch eine gewisse Gleichgültigkeit mit sich bringt.

Aber zurück zu den Anfängen: In Vrin lautete die Metapher damals „Der Bauer bleibt im Dorf" - und das zog dann anderes nach sich: Versorgungsmöglichkeiten, Infrastruktur et cetera. Ich setze zur Verdeutlichung dieser Denkweise gerne zwei Begriffe gegeneinander: Gemeinschaft und Gesellschaft. Aus der Gesellschaft kann man ausbrechen - vielleicht auch nur zeitweise -, aus der Gemeinschaft nicht. In der Gemeinschaft muss ich die guten wie auch die schlechten Zeiten aushalten. Wenn Du die Gemeinschaft verlässt, ist das ein unverzeihlicher Treuebruch, auf ewig. Gemeinschaft hat eigene Regeln; sie mögen möglicherweise streng anmuten, aber in der Gemeinschaft *muss* jeder solidarisch sein, sonst ist die Existenz aller nicht mehr gesichert. Ich möchte an dieser Stelle die Gemeinschaft keinesfalls verherrlichen. Mich beschäftigt die Frage, wie sich das auf die Architektur auswirkt.

Beim Gasthaus am Brunnen (2011-2014) in Valendas suchten wir den Charakter der Gemeinschaft architektonisch zu belegen. Hier standen wir von Beginn an vor einer Herausforderung und bezogen auf das bestehende Gebäude vor der Frage: Kann ein Wirtshaus einen Beitrag für die Bildung von Gemeinschaft im Ort leisten? Es gab in Valendas eine starke Initiative, nicht als Schicksalsgemeinschaft wie in Vrin, nicht als Glaubensgemeinschaft wie im Kloster Dissentis, sondern als eine Gemeinschaft aus freien Stücken mit dem Ziel, Valendas als Ort lebendig zu halten. Der Wille der Menschen wurde spürbar.

Hier würde ich einwenden wollen, dass wir den Begriff der sozialen Gemeinschaft nicht eindeutig ins Architektonische übersetzen können, weil sich Gemeinschaft als ein „Vernunftbegriff" der nicht eindeutig in ein „ästhetisches Bild" übersetzen lässt. Geht es daher nicht eher um die Herausforderung, Orte zu schaffen, die Gemeinschaft ermöglichen können?

Insgesamt geht es doch in unserer Arbeit darum, Identität zu stiften, Orte zu schaffen, die uns etwas bedeuten. Ich argumentiere jetzt architektonisch: Was Valendas als ästhetische und identitätsstiftende Ganzheit ausmacht, das ist die Kalkfarbe. Daher ist das Gasthaus am Brunnen kein Objekt, das den Dialog von Alt und Neu thematisiert, es stellt vielmehr eine neue Ganzheit her, umhüllt von weißer Kalkfarbe.

Im Inneren des Gasthauses braucht es zudem Nähe und Distanz, sozusagen einen Raum des Ereignisses für die Besucher. Das Ereignis liegt nicht in der Wahrnehmung der Umgebung, auch nicht im Raum selbst, sondern vielmehr im Miteinander zwischen den beteiligten Personen, dem Raum und der Landschaft. Zwischen Objekt und Subjekt entsteht damit eine Atmosphäre. Ich glaube diesen schwierigen und missverständlichen Begriff am ehesten beschreiben zu können in dem gleichberechtigten Miteinander von Subjekt und Objekt. Die Körperlichkeit des Menschen trifft auf die Körperlichkeit der Architektur, und daraus entsteht ein Dazwischen, das die Aufmerksamkeit vom Objekt selbst wegnimmt. So könnte man vielleicht den Begriff Atmosphäre umschreiben, dem ich den Begriff des Ereignisses noch hinzufügen möchte. Das gedachte Ereignis steht aber vor dem Entwurf.

Zwischen die Haupträume im Gasthaus am Brunnen hast Du zusätzliche, recht unkonventionelle Räume gelegt, die im Ganzen wie fehlende Puzzle-Stücke anmuten: die „Laube", die „Rauchkammer", den „Bongert". Diese Räume hatten sicherlich zunächst weder Namen noch Programm, und weisen weder im Bestand noch im Neubau den klassischen Zuschnitt eines Restaurantraumes auf, aber sie tragen durch ihre räumliche Besonderheit zur Lebendigkeit des Ganzen bei.

Wie schon gesagt, geht es uns immer um ein grundlegendes Thema beim Entwerfen. Bei der Totenstube in Vrin war das Thema „Trauern" - aber nicht die Toten sind es, die trauern. Nicht das Objekt steht also am Anfang des Entwurfes, sondern etwas Kulturelles, das heißt auch ein Verhalten. So stellen wir die Frage nach der Gestaltung nicht vom Objekt her, sondern eher umgekehrt. Eine gute Idee ist nicht fest fixiert, sondern vielleicht möglichst lange möglichst offen. So sind also die von Dir angesprochenen Sonderräume im Gasthaus wie der „Bongert" oder die „Laube" nicht allein aus sich selbst heraus begründet, sondern aus ihrem Verhältnis zum Ganzen - auch zum Ganzen des zu erwartenden Lebens dort. Und natürlich mag es für den Gast auch interessant sein, in einem unerwarteten, aber dennoch irgendwie kontextuell begründeten Raum zu sitzen.

Zu einem solchen Modus des Arbeitens gehören immer auch Regeln. Ihr habt ja für Vrin ganz ausdrücklich Regeln aufgestellt, ja ein ganzes Regelwerk, in das sich jeder der Beteiligten auch einfügen musste. Das Ziel war der Erhalt des Bestandes eines Dorfes, also Dauerhaftigkeit und Nutzen.

In seinem Dialog „Eupalinos oder der Architekt" differenziert Paul Valéry das Nützliche vom Schönen, indem er schreibt, dass „uns der Körper [zwingt], das zu wünschen, was nützlich ist oder einfach bequem; die Seele fordert von uns das Schöne"[5]*. Ich gehe davon aus, dass der Ausgangspunkt für Deine Interventionen in Vrin zunächst nicht zwingend das Schöne gewesen ist - dennoch würden wir wohl nicht zögern, das Ergebnis heute nach mehr als zwanzig Jahren als „schön" zu bezeichnen. Wie stehst Du zum Thema der Schönheit und des Schönen in der Architektur?*

Das Thema Schönheit ist heute ja überall präsent, und ich erkenne aktuell eine gewisse Notwendigkeit, nach einem Äquivalent zur „klassischen" Schönheit zu suchen. Worum geht es uns denn? Ganz allgemein geht es doch um eine Form von Ästhetik, die aus dem Entwurf aufscheinen soll. Aber weil der heutige Austausch über die Medien uns alle mit mehr oder weniger ähnlichen Bildern versorgt und damit mit vergleichbaren ästhetischen Parametern, zeigen sich ganz unterschiedliche Entwürfe paradoxerweise ganz ähnlich. Viele Architekten beherrschen unterdessen heute eine hohe Form von Ästhetik, was einerseits der Qualität von Architektur nutzt, andererseits aber die Differenzen verundeutlicht.

Du erkennst darin vor allem eine Bildästhetik …

… ja, eine Bildästhetik. Damals in Vrin ging es uns nicht um Ästhetik im Sinne von Schönheit. Ein Vriner Bauer hat mir einmal gesagt: „Wenn der Stall funktioniert, dann darf er auch schön sein." Dies war die gängige Reihenfolge in der Wertigkeit - und diese hat meine Arbeit auch geprägt, weil

ich eben dann versucht habe, gewisse Ideen in den Entwurf einfließen zu lassen, die sich quasi nicht von dem Notwendigen, der Konstruktion oder dem Material, trennen ließen – so wie ich das am Beispiel der Geissenalp und der konstruktiven Poesie erklärt hatte. Ästhetik ist ja mehr als die oberflächliche Erscheinung. Über das Soziale, über die Hintergründe im Bauen, eben die Konstruktion, die Langlebigkeit der Materialien, entsteht eine eigene Form von Ästhetik, die mehr ist als die oberflächliche Erscheinung.

Was mich in diesem Zusammenhang aktuell am meisten interessiert, ist das Thema des „Erhabenen" – also eine Mischung aus Schönheit und etwas fast Gefährlichem, also etwas bewusst Irritierendes. Zu Entwürfen des „Erhabenen" möchte ich gerne gelangen – und damit meine ich eine Herausforderung an den Betrachter durch die Neufassung oder die Kombination von verschiedenen Elementen, die wir aus den spezifischen Eigenschaften des Ortes herausfiltern können. Aus diesem Vermögen heraus, für den Menschen an diesen Orten spezifische Bilder entstehen zu lassen, könnte dann wiederum eine Stärkung der Differenz in der Ähnlichkeit entstehen. Damit die Welt einerseits nicht überall gleich aussieht – und andererseits auch nicht austauschbar.

Der Begriff des „Erhabenen" geht ja davon aus, dass der Geist nicht begreifen kann, was er in diesem Moment vor sich sieht – und das bringt es mit sich, dass er durchaus nicht nur positiv reagiert, also nicht nur mit Lust, sondern auf das Irritierende eben auch mit Unlust. Der Betrachter reagiert dann entweder negativ, also unverstanden oder vielleicht sogar wütend, oder aber erstaunt oder neugierig; das Erhabene spielt ja gerade mit dem Abwesenden im Bild. Das Grundverständnis für ästhetische Zusammenhänge ist dabei jeweils zeitspezifisch unterschiedlich. Damit meine ich, dass uns die ersten Darstellungen des „Erhabenen" wie zum Beispiel die Gemälde Caspar David Friedrichs aus dem frühen neunzehnten Jahrhundert heute nicht mehr als „verstörend" erscheinen – sie gelten eher als typischer Ausdruck romantischer Gesinnung. Ein heutiges erhabenes Werk müsste demgegenüber wohl mit anderen ästhetischen Mitteln operieren.

Der amerikanische Maler Barnett Newman hat dies in seinem bemerkenswerten Aufsatz „The Sublime is Now – Das Erhabene ist Jetzt" von 1948 zum Ausdruck gebracht. Mit dem „Now", dem „Jetzt", meint Newman aber nicht das Denken seiner Zeitgenossen in der Nachkriegszeit. Er spricht vielmehr davon, dass sich das Erhabene jeweils nur im Jetzt, also nur in dem Moment der Wahrnehmung als „Präsenz" erfahren lässt – und wenn nicht da, dann vielleicht nie wieder.

In diesem Sinne liegt meiner Meinung nach die Herausforderung des Erhabenen in der Architektur darin, gewohnte Sichtweisen oder Sicherheiten zu hinterfragen – sei es in der Funktion, in der Konstruktion, oder in der Erscheinung eines Objektes. Um schließlich dahin zu gelangen, was Newman beschreibt als „ein Bild, das von allen, die es nicht durch die nostalgischen Brillengläser der Kunstgeschichte anschauen, verstanden werden kann" [6]*: zu einer wahren Eigenständigkeit.*

Du sprichst hier von dem Verhältnis von Verstehen und Nichtverstehen, wobei unsere Gesellschaft immer das Verstehen bevorzugt und anstrebt. Ich begreife demgegenüber auch das Nichtverstehen als etwas Gutes, als notwendigen Teil der Kultur. Kultur besteht doch genau aus diesen Gegensätzen von Verstehen und Nichtverstehen. Ich habe einmal im Rahmen einer Diskussion gesagt, dass Kulturen auch dadurch zerstört werden, dass wir sie vollständig zu verstehen versuchen. Mir geht es darum, etwas zu erschaffen, was man nicht sofort begreift, was uns dadurch an einem Ort auch festhält, uns nicht loslässt. Es ist nicht selten eben dieses unwillkürlich Ungewohnte oder Nichtbegreifbare, das uns fasziniert.

Lass' uns nochmals auf den vorhin von Dir verwendeten Begriff der Atmosphäre zurückkommen, der ja seit ein paar Jahren eine Art Hochkonjunktur erfährt, zumindest im Vergleich zu den Jahren, in denen ich studiert habe. Nun gibt es zu diesem Phänomen ganz unterschiedliche Auffassungen: der Philosoph Gernot Böhme sieht seine Atmosphäretheorie, die er als „gestimmte Räume" definiert, gerade auch mit dem Ziel einer Anwendung in der Architektur. Die Architekten verhalten sich demgegenüber eher zurückhaltend, weil sie darin vielleicht auch einen Gegenpol zu ihrer eigenen stilistischen Handschrift vermuten. Wie stehst Du zu diesem Begriff der Atmosphäre?

In meinen Augen ist es recht schwer zu benennen, was Atmosphäre tatsächlich ist. Was passiert eigentlich, wenn wir von Atmosphäre sprechen: kommt hier etwas auf mich zu oder gebe ich als Betrachter etwas in den Raum hinein? Gerade diese Ungewissheit mag ich sehr gerne und versuche darauf mit einer Form von Undeutlichkeit zu reagieren. Wenn in einem Raum also ein Objekt ganz präzise in den Vordergrund kommt, dann ist die Konzentration auf dieses Objekt fixiert, der Blick bleibt an den Details hängen und Du kannst sicher sein, dass keine Atmosphäre aufkommt.

Ich nehme grundsätzlich gerne die kulturelle Basis als Ausgangspunkt meiner gedanklichen Auseinandersetzung. Auch für die Bildung von

Atmosphäre kann ich diese Denkweise anwenden. Ich weiß doch: innerhalb unserer Kultur hat der Raum des Trauerns eine bestimmte Atmosphäre; der Saal der Hochzeit hat eine bestimmte Atmosphäre; also muss die Frage lauten: welche Atmosphäre für was? Wie fühlt sich der Mensch selbst in der Zeit der Trauer - zunächst ganz unabhängig vom Raumentwurf -, und wie kann ich dazu eine entsprechende Atmosphäre schaffen? Wie kann Trauer gut verarbeitet werden? Wie verhalten sich die Menschen in dieser Zeit? Das sind die Ausgangsfragen, die den Entwurf mitbestimmen und die dann Einfluss haben auf die Art und Weise, wie der Entwurf wirkt - ob wir das Atmosphäre nennen oder Raumwirkung oder wie auch immer.

Die Waldhütte (2012-2013) in Plong Vaschnaus bei Domat/Ems ist solch ein atmosphärisches Instrument für die sinnliche Wahrnehmung: das Haus, das Licht, der Schatten, die Nähe zum Wald - all das fügt sich zusammen zu dem, was wir mit Bruno Latour „das Parlament der Dinge"[7] nennen könnten. Heute denken wir ja noch immer zu stark in der Trennung von Subjekt und Objekt - so entsteht aber niemals Atmosphäre. Ich muss die äußere Welt als quasi gleichwertig anerkennen und einbeziehen in die Herausbildung einer Dichte im Raum, so dass der Baum, der Stein je eine bestimmte Bedeutung haben. Ich muss hier gar nicht animistisch denken, in dem Sinne, dass Steine und Bäume Seelen haben. Um nochmals bei Bruno Latour und einer seiner Kernfragen zu bleiben: Wie kommunizieren Subjekt und Objekt miteinander? Die Antwort hier kann nur lauten: über unser Ethos, über unsere kulturelle Basis und unsere spezifischen Wirklichkeiten. Welche Wirkung soll also in einem Entwurf zwischen den Dingen entstehen?

Atmosphäre hat immer auch mit Erinnerung zu tun. Ich muss wissen, woran ich anknüpfen will. Ich muss wissen, was für was steht. Das spielt auch eine Rolle für die Wahrnehmung von Gerüchen oder von Klang: in der Waldhütte ist die Akustik - also die akustische Atmosphäre - so gedämpft wie im Wald unter einem Baum. Der große Raum ist bewusst kein Klangkörper. Die Akustik ist dumpf, stumpf, wie verschluckt, sehr besonders.

In Bezug auf die Waldhütte würde ich gerne auch den Aspekt ihrer singulären Stellung diskutieren, die sie - anders als Deine Entwürfe für Vrin, Dissentis oder Valendas - zu einem freistehenden Objekt in der Landschaft macht. Was ist der Unterschied im Entwurf für ein Haus mit solchem Objektcharakter, das ja seine Themen nicht aus der Umgebung, aus dem Kontext beziehen kann?

Grundsätzlich ist es nicht so, dass ich das Objektdenken verteufele - schlussendlich ist immer alles Objekt. Vrin und Valendas sind Objekte eines Weiterdenkens im Muster des Bestehenden. Hier in der freien Landschaft ist es natürlich anders - und das erfordert damit seine eigene Herangehensweise.

Der Auftrag für die Waldhütte lautete ja ursprünglich ganz einfach: eine Hütte für Förster und Waldarbeiter und für Schulklassen, die hier im Wald Unterricht haben. Uns erschien das ein bisschen zu wenig, also haben wir das Thema des „Instrumentes für die Sinne“ eingebracht, was das Objektspezifische daran dann ausmacht. Wir haben zudem versucht, die Hütte ausschließlich mit Materialien zu bauen, die wir am Ort vorgefunden haben - eine Erkenntnis noch aus Vrin, denn insgesamt hatten die Leute früher ja nicht die Möglichkeit, sich ein beliebiges Material für ihr Haus auszusuchen; sie mussten das verwenden, was die Umgebung, die Natur ihnen zur Verfügung stellte. Ich nenne das: alchimistisch denken, also das Material durch unseren Umgang auf einen höheren Stand bringen. Das sind die Aspekte dieses Entwurfes. Es ist nichts, was das Entwerfen auf einer Lichtung grundsätzlich vom Entwerfen in einem Dorf unterscheidet.

Wenn wir zurückblicken, so müssen wir allerdings doch feststellen, dass wir mit dem objektfixierten Denken - also mit einem Entwerfen, das Objekt werden will - in der Architektur so vieles zerstört haben. Wenn ich dagegen auf den Kontext setze, dann heißt das nicht nur Reagieren auf etwas Bestehendes, Kontext verlangt auch Neuordnen.

Das Leitmotiv wäre also: Homogenität und *Differenz. Dadurch habe ich nicht mehr schwarz und weiß, sondern einen besonderen Blick für die Nuancen zwischen dem Bestehenden und dem Neuen.*

Man muss die Wahrnehmung schulen, um das Sehen selbst zu verstehen und Unterschiede erkennen zu können. Diese Sichtweise ist vielleicht vergleichbar mit dem Schaffensprozess von Alberto Giacometti: wie er selbst beschrieben hat, geht es eben darum, was er tatsächlich sieht, und nicht darum, was er schon weiß von dem, was er da sieht, oder was er glaubt, da vor sich zu sehen. Diese Vorgehensweise bedeutet ein andauerndes Befragen dessen, was man vor sich hat - auch ein Befragen und Hinterfragen der Erfahrung und der Vorstellung von dem, was ein Entwurf einmal werden soll.

Und so wird das Sehen zu einem immer wieder lernenden Sehen ...

Vieles von dem, was einen guten Raum ausmacht, kann man gar nicht zeichnen - das muss man vor Ort fühlen. Beim Entwerfen versetze ich mich oftmals mitten in den zu entwerfenden Raum, der Raum bildet sich um mich herum, ich erspüre den Raum mehr als dass ich ihn erdenke.

Als Giacometti seine berühmte Skulptur von einem Hund gemacht hat, soll er gesagt haben: „Ich war in einem bestimmten Moment Hund, ich selber war der Hund, ich sah mich auf der Straße". Nur dadurch, dass er als Künstler, als Bildhauer ganz bei sich ist mit allen Sinnen, lässt sich die unglaubliche Präsenz seiner Skulpturen erklären.

Wir sollen also jeweils befragen, was wir wahrnehmen - und nicht vorab schon aus der Erfahrung heraus kategorisierend festschreiben wollen, was dieses ist.

Und in dieser Weise entsteht die Sequenz an Bauten, die Du in den letzten fünfundzwanzig Jahren für Vrin entworfen hast – und die man in diesem Sinne als eine stete Weiterentwicklung auffassen kann. Bei der Stiva da morts fühlt man sich vom Objekt selbst zu diesem Befragen aufgefordert, eben weil das Gebäude in seiner weißgetünchten Oberfläche eben nicht ausdrücklich „Totenstube" signalisiert, so dass man beim ersten Anblick gar nicht an einen Ort der Trauer denkt. Und zudem nimmt man nicht unmittelbar wahr, dass der Bau in seiner Konstruktion für einen Strickbau ganz untypisch, nämlich zweischalig, ausgeführt ist.

Das ist es, was mich am meisten reizt: dass man eben nicht sofort alles begreift. Das ist vielleicht das Allerwichtigste der Kulturen: nicht sofort alles nach außen zeigen, das Anderssein nicht notwendig als ein Anderserscheinen begreifen. Die Totenstube haben wir zweischalig gemacht, damit sie als Bau noch ein wenig autonomer sein kann. Und sie sollte natürlich auch eine bessere Wärmeisolation haben. Gleichzeitig soll man aber nicht sofort merken, dass es sich baukonstruktiv um einen „neuen" Typus handelt.

Das Besondere soll sich eben nicht auf den ersten Blick in einer dingbezogenen Objekthaftigkeit zeigen. Soweit wir auf unsere Umgebung Einfluss haben, muss man die Dinge in einer Spannung zueinander halten. In einer zwischenmenschlichen Beziehung ist es genauso wie im Bauen: solange eine Spannung besteht in der Beziehung zwischen mir und meiner Frau, bleiben wir zusammen - sie interessiert sich für mich und ich interessiere mich für sie. Und wenn ich Dir heute schon alles sagen würde,

was ich denke und was ich weiß, dann endet das Gespräch und Du kommst nicht mehr hierher ...

Das Schöne an unserem Beruf zwischen der Theorie an der Universität und der Praxis im Büro ist doch, dass wir jeweils im anderen Feld das überprüfen können, was wir tun und denken. Wir müssen über das Gemeinsame in unserem Beruf reden und von diesem Gemeinsamen jeweils ausgehen - das bedeutet: Respekt haben voreinander.

Vielleicht kann ich das am besten erläutern mit dem begrifflichen Gegensatz von Erlebnisraum und Erfahrungsraum. Heute strebt so vieles in der Gesellschaft nach Erlebnis - auch in der Architektur, und eben auch in der Natur. Der Berg und das Bauen in den Bergen sollte aber doch viel weniger als ein Attraktionsraum oder Erlebnisraum betrachtet werden als vielmehr als ein Erfahrungsraum; wie viel an Erfahrung können wir hier gewinnen, was über bloße Erlebnisse, bloße Attraktion, über inszenierte Ereignisse hinausgeht! Hier ist eine andere Beziehung der Partner gefragt, auch als eine andere Möglichkeit des Angebotes im Tourismus, außerhalb des Innovationszwanges unseres heutigen Systems.

Du suchst in diesem Sinne nach einem Weg, der fortführt vom allgemeinen Konsumdenken, das sich auch im Konsum eines Ereignisses oder eines Events zeigt, und der uns stattdessen hinleitet zu einem Erfahrungswert, den zum Beispiel die Bergregion birgt.

In diesem Sinne meine ich Philippe Descola verstanden zu haben, der von einem „Jenseits von Natur und Kultur“[8] spricht: Natur und Kultur stehen sich nicht als Gegenpole gegenüber, es gibt vielmehr einen Punkt, von dem aus die beiden scheinbar gegensätzlichen Pole gleichweit entfernt sind, oder gleich nahe sind. Ich meine, diesen Punkt selbst noch als kleiner Junge erlebt und gelebt zu haben. Wir haben seinerzeit ja nicht über die Natur geredet. Was war Natur damals für uns? Sie war schlicht da! Es gab eine Lawine oder einen Kartoffelacker oder eine Wiese - jeweils unausgesprochen, ganz unmittelbar, schlicht vorhanden. Diesen Punkt des Unmittelbaren haben wir verloren, oder zumindest haben wir ihn noch nicht wiedergefunden. Die Frage ist, ob wir eine solche Art von Deckungsgleichheit bewusst erarbeiten können.

Welche Spur sollte man also einschlagen, um zu einer solchen Auffassung im Arbeiten an der Architektur zu gelangen? Deiner Auffassung nach wäre wohl eine andere

Strategie angemessen, um Architektur weder durch die Technik im Bauen noch durch den ästhetischen Wunsch zu einem außergewöhnlichen Objekt zu argumentieren. Wie könnte diese Strategie aussehen?

Ich kann Dir dazu natürlich nur meine sehr eigene Auffassung darlegen, die ich als ein Entwerfen im Denken einer „zweiten Naivität" bezeichnen möchte. Damit meine ich, dass es in unserer Zeit im Erdenken von Dingen vielleicht auch darauf ankommen kann, eben nicht nur das konkrete wissenschaftliche Denken voranzustellen, sondern demgegenüber einen bewusst anderen Standpunkt einzunehmen, den man mit der kindlichen Naivität vergleichen könnte. „Naiv" ist die Sichtweise des Kindes ja nur aus unserer scheinbar wissenden Erwachsenensicht. Das Kind aber meint es in gewisser Hinsicht ernst, zumindest zu einem Teil oder in einer Phase seiner Entwicklung, ehe es sich im Vergleich zu den Erwachsenen irgendwann der eigenen Grenzen bewusst wird. Diese bewusste „zweite Naivität" kann uns aber davor schützen, zu viel zu wollen, zu viel zu erwarten. Sie setzt den Traum neben das Wissen.

Damit sprichst Du ein grundlegendes Phänomen unserer westlichen Zivilisation an: die kindliche Entwicklung ist ja auch gekennzeichnet von der Nachahmung, der Wiederholung des Bekannten; diese hat aber einen deutlich geringeren Stellenwert gegenüber der Neuentdeckung oder der Erfindung. Unsere Suche nach dem Wissenszugewinn – manchmal meint man darin geradezu eine Sucht wahrzunehmen – ist dabei allerdings kein neuzeitliches oder modernes Phänomen; schon die Platonische „Anamnesis-Lehre" nimmt in gewisser Weise darauf Bezug: gemäß dieser These hat der Mensch als ungeborenes Kind im Mutterleib ein allumfassendes Wissen, und erst im Moment des Zur-Welt-Kommens geht dieses totale Bewusstsein verloren, so dass wir fortan unser ganzes Leben lang danach streben, dieses „Alles" wieder wissen zu wollen. So versucht Platon unsere andauernde Wissbegier durch einen Mythos, eine grundlegende Geschichte, zu erklären. Denn mit dem andauernden Wissen-Wollen, dem technischen Fortschritt, dem Unruhezustand unseres Nie-zufrieden-Seins geht ja auch eine gewisse Tragik einher.

Und du setzt nun diesem Drang nach Wissen und Erfindung den Begriff der „zweiten Naivität" des im Spiel sich selbst vergessenden Kindes entgegen …

Diese andauernde Unzufriedenheit, die Du hier ansprichst, sie interessiert mich als Phänomen schon lange. Warum begeben wir uns immer wieder auf die Suche nach dem Neuen im Entwerfen? Auch in mir selbst erkenne und spüre ich diesen kulturellen Drang, das einmal Erprobte im nächsten Entwurf erneut hinterfragen zu wollen. Und doch meine ich für mich sagen zu können, dass ich darin nicht primär nach dem Zugewinn von Wissen suche, sondern nach einer eigenen Stufe von Erfahrung. Das soll jetzt nicht romantisch klingen, und ich meine damit auch nicht eine bestimmte Sicht auf die Schönheit einer Oberfläche, eines Objektes oder einer Landschaft, sondern eine eigene innere Stimmung.

Geht es Dir also um die Suche nach einem Äquivalent zu der allgemeingültigen Ästhetik des Schönen? In Deinem Werk meine ich in diesem Sinne so etwas wie die Suche nach einer „Ästhetik der Zeitgenossenschaft" zu erkennen, in der Objekte aus unterschiedlichsten Zeiten gut nebeneinander und miteinander existieren können, eben weil sie in sich ein verbindendes Wesen haben.

Ich würde das als eine phänomenologische Sicht auf die Dinge bezeichnen, die in die Wahrnehmung selbst die Erfahrung einbezieht - eine Sichtweise, die auch das Phänomen des Aushaltens beinhaltet; denn kein Leben, ob in den Bergen oder in den Städten, ist immer nur „schön". Worauf es doch ankommt, das ist die andauernde Herausforderung, eine jeweils dem Objekt und dem Ort angemessene Diskursart zu finden.

Und damit stehen wir abermals vor der Frage, die Du eingangs unseres Gespräches gestellt hast: Spielt das „Ding" als Objekt für mich heute eine andere Rolle als früher, wo meine Architekturen noch etwas purer, noch etwas einfacher waren? Zumindest denke ich, dass auch bei mir und in meiner Arbeit eine Entwicklung zu spüren ist hin zu mehr Autonomie. Aber ich passe schon auf, dass die Häuser, die ich entwerfe, nicht zu autarken Objekten werden. Ich hoffe, dass sie im Laufe der Zeit vielleicht in einem noch schöneren Gespräch zueinander stehen.

Zürich / Vrin / Ilanz, in Gesprächen zwischen Oktober 2012 und März 2015

Anmerkungen

1 Das „Atelier Gisel" bezeichnet das ehemalige Architekturbüro von Ernst Gisel, in dem sich heute das ETH-Entwurfsatelier von Prof. Caminada befindet.

2 Ernst CASSIRER, *Philosophie der symbolischen Formen, Erster Teil, Die Sprache,* Darmstadt: Meiner Verlag 1973, 12.

3 Martin HEIDEGGER, *Einführung in die phänomenologische Forschung (1923/24)*, in: Heidegger, *Gesamtausgabe, Band 17*, Frankfurt/M.: Verlag Vittorio Klostermann 1994, 26.

4 Siehe dazu: Jacques DERRIDA, *Die différance (1968)*, in: Derrida, *Randgänge der Philosophie*, Wien: Passagen Verlag 1988, 29-52.

5 Paul VALÉRY, *Eupalinos oder Der Architekt (1923)*, Frankfurt/M.: Suhrkamp Verlag 1973, 99.

6 Barnett NEWMAN, *The Sublime is now - Das Sublime ist jetzt (1948)*, in: Newman, *Schriften und Interviews 1925-1970*, Bern/Berlin: Verlag Gachnang & Springer 1990, 176-179, hier: 179.

7 Bruno LATOUR, *Das Parlament der Dinge (1999)*, Frankfurt/M.: Suhrkamp Verlag 2010.

8 Philippe DESCOLA, *Jenseits von Natur und Kultur*, Frankfurt/M.: Suhrkamp Verlag 2011.

Bildlegende und Copyrights

S.19 Alp Parvalsauns/Geissenalp, Vrin, Puzzatsch, 1990-1992, © Tom SCHOPER

S.23 Mazlaria/Metzgerei, Vrin, Sut Vitg, 1995-1998, © Petr ŠMIDEK

S.25 Modellphoto der Treppenhaus-Skulptur, Mädcheninternat Unterhaus, Dissentis, 2001-2004, © CAMINADA

S.37 Gasthaus am Brunnen, „Laube“, Valendas, 2011-2014, © CAMINADA

S.40/41 Tegia da vaut/Waldhütte, Plong Vaschnaus, Domat/Ems, 2012-2013, © CAMINADA

S.45 Stiva da morts/Totenstube, Vrin, 1995-2002, © CAMINADA

Biographische Notiz

Gion Antoni Caminada (*1957) erlernte das Schreinerhandwerk, ehe er sein Studium der Architektur an der Kunstgewerbeschule in Zürich aufnahm und mit einem Nachdiplomstudium an der ETH Zürich abschloss. Zurück in Vrin beginnt er noch in den achtziger Jahren mit der behutsamen Sicherung, Bewahrung, Ergänzung und Erneuerung der Bauten seiner Heimatgemeinde. Auf eigene Weise schreibt er so den Charakter und die Identität des Vorgefundenen weiter. Wenngleich von kleinem Maßstab, bringen ihm diese ersten Arbeiten bereits große Anerkennung für seinen Umgang mit der Substanz ein, verschiedene Auszeichnungen folgen. Caminada wird 1998 zum Assistenzprofessor an die ETH Zürich berufen, wo er seit 2008 als außerordentlicher Professor für Architektur und Entwurf lehrt. Caminada bezieht regelmäßig zu übergreifenden kultur- und geopolitischen Themen der Schweiz Stellung.

Von Dingen, die nach nichts ausschauen
Ein Gespräch mit Hermann Czech, Wien

Bedeutung im Werk [...] entsteht immer in Relation zum Zeitbezug.
Hermann Czech

Tom Schoper: In seiner Schrift „Der Ursprung des Kunstwerkes" (1935/36) hat der Philosoph Martin Heidegger versucht, das Wesen des Kunstwerkes über die Abgrenzung von den Dingen des Alltags herauszustellen. In unserem Gespräch soll es nun zum einen um die Frage gehen, ob die von Heidegger angeführten Begriffe „Werk", „Ding" und „Zeug" auch auf die Architektur übertragbar sind und ob sie dort überhaupt eine Relevanz haben. Zum anderen möchte ich dieses Gespräch führen, um am Beispiel Ihrer Bauten wie auch Ihrer Schriften einer möglichen Charakteristik des architektonischen Werkes nahezukommen.

Hermann Czech: Man könnte es sich jetzt einfach machen und sagen: alle Architektur dient, also ist sie Zeug. Überlassen wir es also der Kunst, Werke hervorzubringen.

Wenn man sich damit aber nicht zufrieden geben will, stellen sich die folgenden Fragen: Erstens: wie kann ich erreichen, dass Architektur mehr ist als nur Zeug? Und zweitens: wie kann ich das dann beurteilen? Haften diese Eigenschaften einer jeden Architektur an, bzw. worin unterscheiden sich diese Qualitätsstufen voneinander?

Mein Interesse liegt in dem Verhältnis dieser beiden Fragen. Das führt zur Relation von Produktion und Konsumtion im Entwurf und damit zu dem Verhältnis von Entwerfen und Machen zum Lesen und Verstehen.

Um etwas lesen und verstehen zu können, muss das Objekt auch etwas von sich aus sagen. Wenn wir zunächst von den genannten Charakteren in der Begriffsbildung nach Heidegger ausgehen, dann können wir für das Werk den besonderen Charakter des Verweisenden anführen, als ein „Mehr" in der Erscheinung gegenüber seiner eigentlichen Körperlichkeit. Das Werk ist nicht nur auf sich selbst bezogen, es sucht sein Wesen im Verweis auf ein anderes. Ihre eigenen Werke nehmen ja Bezug auf diesen Modus des Verweisens.

Denken wir dabei zum Beispiel an das Kleine Café (1970 und 1974), wo Sie im unteren Raum des Cafés, also dem ersten Teil Ihrer architektonischen Interven-

tion von 1970, die Spiegel in den Raumnischen mit einem Holzgesims nach einem Profil von Leon Battista Alberti eingefasst haben. Würde es nur um den Abschluss der Spiegel auf der Wand gehen, so wäre auch eine einfache Holzleiste ausreichend gewesen. Mit dem Heranziehen eines umlaufenden Gesimsprofils mit historischem Bezug entsteht natürlich für den Betrachter eine andere Konnotation und somit eine zusätzliche Ebene, die hier in die Wahrnehmung hineinkommt; es entsteht eine Vielschichtigkeit, die an diesen speziellen historischen Verweis geknüpft ist.

Ein historisches Motiv kann aber zu verschiedenen Zeiten verschiedene Rollen spielen. Bei den Räumen, die ich in den sechziger, siebziger und achtziger Jahren gemacht habe, eben beim Kleinen Café, zuvor beim Restaurant Ballhaus (1961-62, mit Mistelbauer und Nohal), oder später beim Restaurant im Palais Schwarzenberg (1982-84), war es in meinen Augen produktiv, Elemente aus der Architekturgeschichte zu verwenden, die ihren Sinn aber so wenig verloren haben wie ihre Gebrauchsfähigkeit.

Ich höre da einen Unterschied in Ihrer Betrachtung zwischen damals und heute heraus. Könnten Sie Ihren Gedanken dieser Differenzierung ein wenig ausführen?

Wenn Sie das Gesims im Kleinen Café ansprechen, so ist das entstanden in einem schrittweisen Vorgehen: Zunächst wollte ich den an sich ja sehr kleinen Raum mit Spiegeln optisch erweitern. Dazu reichte mir als Abschluss eine einfache Holzleiste, wie Sie sagen, aber nicht aus; das hätte nicht die gewünschte Wirkung einer Wandöffnung ergeben. Also habe ich mich nach einem „Gebälk" umgeschaut. Zunächst hatte ich dieses mit Gesimsprofilen von Palladio versucht, diese sind aber bereits zu stark verzerrt, zu manieristisch. So bin ich zu dem Alberti-Profil gekommen. Im Grunde ist das eine suchende, argumentativ fragende Arbeitsweise, wie ich sie bei Konrad Wachsmann erlebt habe - dies allerdings nicht im formalen Sinn, sondern im Hinblick auf die konzeptionelle Strategie.

Ein wesentlicher Aspekt dabei ist: der Entwurf als architektonisches Produkt kann nicht als Ergebnis vorausgesetzt werden. Ein Entwurf ist immer das Ergebnis eines laufenden Prozesses. Ich habe das damals als „Denken zum Entwurf" bezeichnet. Man könnte eigentlich meinen, dass jede schlüssig denkende Person zum selben Ergebnis kommen müsste - was bekanntlich nicht der Fall ist. Die Andersartigkeit der Ergebnisse bedeutet aber eben nicht „Beliebigkeit", sondern - im Qualitätsfall - eine andere, eigene, innere Schlüssigkeit.

Wenn man dagegen heute so etwas macht, so würde ich mutmaßen, dass das Ergebnis als Raumgedanke schon vorher feststeht und eben nicht das Ergebnis eines Prozesses darstellt. Heute dienen vergleichbare formale Rückgriffe meiner Meinung nach oft dazu, eine bestimmte „Stimmung" herzustellen – und das ist mir verdächtig. Vergangenheit wird somit herangezogen zur Schaffung einer nostalgischen Atmosphäre. Es erreicht aber nichts anderes als nur das – keine Kritik, keine Irritation.

Und Ihr Interesse galt damals nicht einer bestimmten Atmosphäre, sondern einer Entwurfshaltung als Kritik an der seinerzeitigen Architektur?

An Atmosphäre als Entwurfsabsicht ist mir schon deswegen nicht gelegen, weil ich der festen Überzeugung bin, dass sich Atmosphäre nicht produzieren lässt, weil sie auf der konsumtiven Seite der Architektur steht.

Dazu kann ich ein im Augenblick aktuell gewordenes Beispiel heranziehen: das Restaurant Schwarzenberg, das ich 1984 fertiggestellt hatte und das seit 2006 geschlossen ist, wird zur „Vienna Design Week 2014" quasi wiederbelebt, das heißt, die Räume werden für ein paar Tage geöffnet und sind nach fast zehn Jahren Schließung wieder erlebbar. Das Palais Schwarzenberg sollte in der Zwischenzeit schon mehrfach umgestaltet werden, erst zu einem 6-Sterne-Hotel, aktuell zu einem Kasino – was weiß ich, was noch kommt. Die Räume des ehemaligen Restaurants im Souterrain sind mehr oder weniger noch erhalten, wenngleich die Zeit der Nichtnutzung natürlich ihre Spuren hinterlassen hat. Es ist also im wahrsten Sinne „verstaubt", die Wandtapisserien lösen sich stellenweise ab, die Kristallleuchter im Raum funktionieren zum Teil nicht mehr, auch stehen keine Tische und Stühle mehr in den Räumen, das lose Mobiliar fehlt.

Seinerzeit war das Restaurant Schwarzenberg ein Beispiel für die eklektische Mitverwendung brauchbarer Elemente sowohl aus der Architekturgeschichte wie auch aus der Welt des Trivialen, allerdings niemals gedacht als eine „nostalgische" Annäherung an eine wie auch immer zu imitierende Vergangenheit. Jetzt haben die Räume eine „Atmosphäre", nämlich der jahrelangen Nichtverwendung und fehlenden Instandhaltung.

Dieses Beispiel verdeutlicht auf sehr anschauliche Weise die Unmöglichkeit eines Architekten, Atmosphäre bereits im Entwurf schaffen zu können. Atmosphäre entsteht, sie wird empfunden – oder eben nicht. Das liegt auf Seiten der Wahrnehmung, auf Seiten der Konsumtion. Als Architekt hat man darauf nur begrenzt Einfluss. Darum habe ich diese aktuelle

Erweckung aus dem Dornröschenschlaf auch benannt als „eine Illustration zu einem verfehlten neuen Theoriebegriff". Verfehlt nämlich in Bezug auf den Begriff der „Atmosphäre" gemäß Gernot Böhme und dessen Forderung, man solle der Atmosphäre mehr Raum geben im architektonischen Entwurf. Hier tappt man nun aber ausdrücklich in die Falle, Architektur auf ihren Erlebniswert zu reduzieren und diesen als ein Verkaufs- oder als ein Werbeargument zu verwenden – eben weil Architektur hier ausschließlich von der Konsumtion, vom Konsumenten her gedacht wird.

In dem Gebrauch der historischen Formelemente beim Restaurant Schwarzenberg und auch beim Kleinen Café ging es mir dagegen um eine kritische Haltung. Insgesamt geht es ja in der Kunst darum, aus Momenten der Kritik am Bestehenden wiederum ein kritisches Potential für die Erscheinung von Dingen zu gewinnen, zudem um das Wechselspiel von Erwartung und Erfüllung. Und nicht zuletzt kommt es auf die Herausforderung einer Vielschichtigkeit in der Wahrnehmung an.

Bleiben wir noch beim Kleinen Café. Ebenfalls im unteren Teil des Cafés haben Sie 1977 den Fußboden mit Steinplatten erneuert: keine gewöhnlichen Steinplatten, es sind vielmehr alte, aufgelassene Grabsteinplatten, die in einem Muster verlegt sind, das Sie in Ihren Schriften selbst in seiner Vielschichtigkeit beschrieben haben: unter anderem sprechen Sie von den Assoziationen zu einer Erdspalte, zu einer Großwildhaut oder von der sexuellen Assoziation zu einer „Vagina dentata" –, sämtlich sind das Bezugnahmen, die mit Architektur ursächlich nichts zu tun haben. Dieses Ungewohnte, nämlich die Grabsteinplatten in ihrer spezifischen Geometrie als Fußbodenplatten zu verwenden, ergibt als Ergebnis dann diese besondere Form, und diese wiederum ermöglicht in ihrer Uneindeutigkeit dem Betrachter als Individuum eine Assoziationsfreiheit, die ihn auf ganz unterschiedliche Spuren führen mag.

Das ist eben ein gutes Beispiel für die Gegenüberstellung von Produktion und Konsumtion. Während die Verwendung und die Verlegung der Platten den Bereich der Produktion betreffen, fällt die assoziative Kette in den Bereich der Konsumtion. Mit dem Begriff der Konsumtion meine ich eine Sichtweise, die nach dem Erlebnis der äußeren Erscheinung eines Objektes fragt, und damit nach Gefallen oder Nichtgefallen, was auch das körperliche Wohlgefallen, also den Komfort, betreffen mag. Dass also die Assoziationen zur Wahrnehmung der verlegten Grabsteinplatten nicht ursächlich etwas mit der Architektur zu tun haben, das mag schon stimmen – das kann ich aber als Architekt auch nicht vollumfänglich vordefinieren. Trotzdem

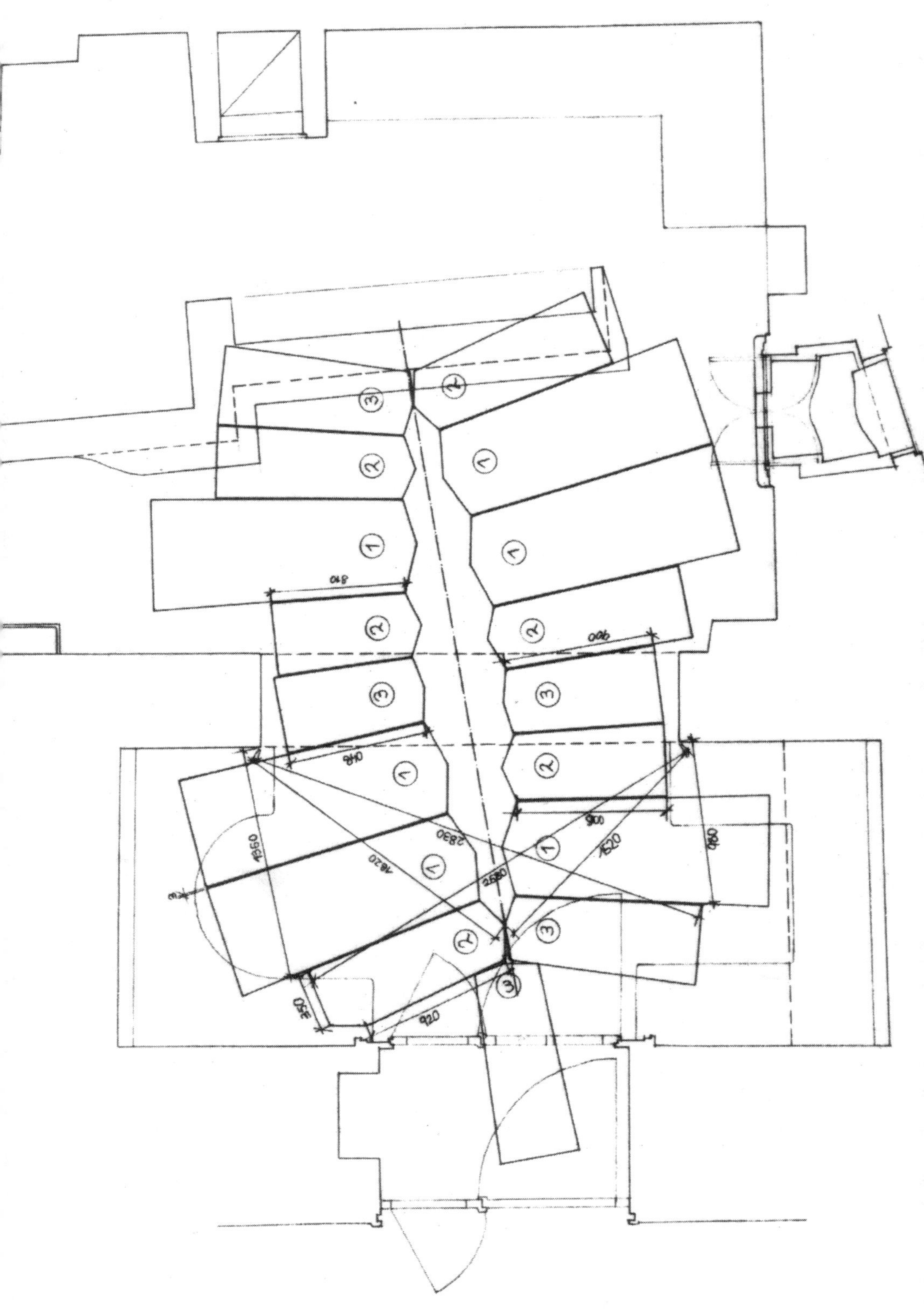

ist der Akt des eigentlichen Entwerfens, also die Produktion, sehr wohl architektonischer Natur. Die Wahrnehmung mag darüberhinaus zudem ein Geheimnis beinhalten, bzw. vielschichtig zu interpretieren sein - sogar auf Weisen, die im Entwurf selbst gar nicht angelegt waren.

Sie stellen also die Pole von „Schöpfung" und „Rezeption" der Architektur einander gegenüber mit der Schlussfolgerung, dass eine Architektur, rein von der Rezeption her gedacht, eben in der Wahrnehmung nicht vollständig kontrollierbar sei. Könnte man in Ihrer Sichtweise also den Begriff der „Konsumtion" als Synonym für den Begriff der „Ästhetik" oder des „Ästhetischen" wählen?

„Ästhetisch" trifft es, wenn wir das Wort in seinem alltäglichen Sprachgebrauch von „Gefallen" und „Nichtgefallen" nehmen.

Der Begriff der Ästhetik im Sinne eines „Denkens zur Kunst" befasst sich natürlich mit der Wahrnehmung, Ästhetik ist ja ursprünglich die Lehre von der Wahrnehmung. Und in diesem Sinne steht sie auf Seiten der Konsumtion. Aber ein Teil der Ästhetik, der Philosophie zur Kunst, betrifft auch die Produktion im Sinne der künstlerischen Konzeption von Werken. Deshalb würde ich „ästhetisch" nicht schlechtweg als „konsumtiv" diskreditieren.

In meiner Sichtweise stehen Produzent und Konsument einander gegenüber. In der ausschließlichen Sichtweise des Erlebnisses der Konsumtion betrachte ich ein Werk unter dem Aspekt: gefällt es mir oder gefällt es mir nicht? So „versteht" man ein Werk aber nicht als Produkt. Wirklich verstehen kann man es erst, wenn man sich in den Gedankengang der Produktion hineinversetzt, wenn man seine Motivation nachzuvollziehen versucht, wenn man sich in den Modus des Entstehungsprozesses hineindenkt. Das erst führt zum Verstehen von Kunst. Dann erst kommt man in ein Gespräch mit dem Werk. Wenn man nur von einer „ästhetischen" Anmutung ausgeht, im konsumtiven Sinn gedacht, bleibt man „außen vor".

Darin erkenne ich einen Gedanken von Hans-Georg Gadamer zum Verstehen von Kunst als eine immer wieder erneuerte „Frage-Antwort-Struktur". Erst wenn das Werk für uns als Betrachter „zu sprechen beginnt", sind wir mit diesem in einem Dialog und können versuchen, in einen Austausch mit dem Werk zu gelangen - so „dass wir am Ende das Kunstwerk selbst als Antwort auf die Fragen verstehen"[1].

Das kann ich durchaus nachvollziehen. Aber leider wird die Formulierung: „Ich bin von etwas angesprochen" auch im rein konsumtiven Sinne verwendet: „Spricht mich ein Werk an oder nicht?". Das ist meist eher passiv gedacht. Die produktive Seite darf aber aus dem Kontext des Verstehens nicht ausgeschlossen sein. Produktion verstehe ich als Produktion architektonischer Gedanken, nicht als Produktion im Sinne des Bauens und des Machens. Erst Motivation, Produktion und Konsumtion gemeinsam zielen auf ein vollständiges Verstehen von Kunst. Konsumtion ist übrigens auch nicht mit Gebrauch gleichzusetzen.

Hier spielt ein weiterer Gedanke hinein, der mir wichtig ist: Gebrauch und Funktion sind ja nicht Vorgaben, denen die Architektur bloß folgen muss. Funktion ist vielmehr ein Produkt der Entwurfsentscheidungen. Der Entwurf muss eine Formulierung der Funktion finden; sie ist nicht per se vorhanden, genauso wenig wie Konstruktion, Raum oder Licht.

Das geht in eine ähnliche Richtung, wie es Theodor W. Adorno in seinem Vortrag „Funktionalismus heute" (1963 Wien, 1965 Berlin) formuliert hat. Dort schreibt er: „Keine Form ist gänzlich aus ihrem Zweck geschöpft."[2] Vielleicht könnten Sie hier weiter ausführen, was Sie mit der „Formulierung der Funktion" meinen.

Ganz grundsätzlich gesprochen ist die Funktion ja nicht vor dem Entwurf da - der Entwurf erst eröffnet die Funktion und ermöglicht den Gebrauch.

Es ist doch heutzutage der folgende paradoxe Zustand festzustellen: Einerseits giert die Gesellschaft nach einer Architektur des konsumtiven Erlebnisses, wie sie manche Star-Architekten heute mehr schlecht als recht vertreten, wo es nur auf die Besonderheit des Objektes ankommt. Andererseits ist der Begriff der Funktion als Relikt der Moderne noch immer geheiligt; mit dem Argument der Funktion können Sie alles vertreten, auch das banalste Bauen. Gefragt ist eine schlüssige Gegenposition, um aus den aktuellen kommerziellen Strategien, die ja Werbeträger und Verkaufsargumente sind, ein kritisches Potential zu gewinnen. Es gibt einzelne Ansätze dazu.

Ihnen geht es dagegen um eine „stille Architektur" oder, wie sie es seinerzeit genannt haben, um eine Architektur, „die nur spricht, wenn sie gefragt wird."[3] Konkret heißt das, sie wollen dem Betrachter visuell nicht zu wenig anbieten, so dass Auge und Geist angeregt werden, aber gleichzeitig auch nicht zu viel, um die Sichtweise auf die Architektur bewusst offen zu halten.

Das ist ein wesentlicher Aspekt, für den ich aber keine eindeutige Lösung im Modus des Entwerfens anbieten kann. Ich habe diese Ambivalenz von

Nicht-zu-wenig-und-nicht-zu-viel in Vorträgen, zuerst in Basel 1996, überschrieben mit dem Schlagwort „,Less' oder ,More'?", als eine Frage also, wie Bedeutung im Werk erreicht werden kann: durch Reduktion oder durch Anreicherung. Ich denke, man sollte das offen halten, beides ist möglich, beide Strategien können Bedeutung in einem Werk erzeugen.

In eben diesem Sinne habe ich auch die Redensart verwendet von „Dingen, die nach nichts ausschauen". Ein mögliches antizipierendes Vorwegnehmen, wie dasjenige, was wir entwerfen, vom Betrachter tatsächlich aufgefasst wird, muss man aber ausschließen. Die Fülle an Assoziationen, die aus einem architektonischen Werk aufscheinen, kann man als Entwerfer eben gar nicht überschauen. Wenn man aber zum Beispiel bei den Grabsteinplatten im Kleinen Café die Grabinschriften gezeigt hätte, dann hätte das frivol oder taktlos gewirkt. Es geht aber nicht um einen Tabubruch als Selbstzweck.

Ist damit die Verwendung von Zitaten aufgrund des geänderten Zeitbezugs für Sie als Entwurfsmethode heute ausgeschieden?

Das ist eine Frage, die ich auf die Schnelle gar nicht beantworten kann. Und dann denke ich darüber nach, warum das Verwenden von Zitaten mich heute nicht mehr überzeugt. Die Entwurfsweise mit dem Alberti-Profil im Kleinen Café oder mit den unterschiedlichen Holzbeinen der Sitzbänke in der Wunder-Bar (1976) hat damals ein kritisches Potential gehabt, in dem Sinne, wie Paolo Portoghesi die erste Architekturbiennale von 1980 programmatisch überschrieben hatte als „Das Ende der Prohibition".

Gemeint war damit das Ende der „Verpönung" eines Vergangenheitsbezugs, das Ende der Bevormundung durch die allgemeingültige Architektursprache der Moderne. Insofern war die Verwendung von Zitaten damals wesentlich zeitkritisch gemeint - nämlich als sichtbare Verbildlichung des erwünschten Endes der Prohibition. Wenn heute die Errungenschaft der Wiederverwendung von Versatzstücken in der Architektur nur noch „angewandt" wird, ohne dass es einen kritischen Bezug gibt - einen, wie ich damals fand, notwendigen Bezug -, verliert diese Vorgehensweise ihre Schärfe. Sie wird oberflächlich. Während also in den siebziger Jahren die Verwendung eines Gesimsprofils nach Alberti für manche Berufskollegen regelrecht provokativ war, ist es das heute eben nicht mehr.

In unserem Diskurs über die Bedeutung eines Werkes sollten wir nicht außer Acht lassen, dass sich die Bedeutung einer Form mit der Zeit wandelt – und somit zwischen Entstehung und Betrachtung eine Differenz in der Bedeutung bestehen kann. Vielleicht darf ich zur Verdeutlichung dieses Gedankens nochmals auf das Restaurant Schwarzenberg zu sprechen kommen: in der Öffnung der Räume während der Tage der „Vienna Design Week 2014“ haben wir in dem ehemaligen Konferenzraum vier verschiedene Sesselentwürfe[4] von mir ausgestellt, die alle in ihrem Entwurfsgedanken einen konkreten Bezug zu einem Vorgänger aus der Möbelgeschichte haben und damit von sich aus Zeitdistanz thematisieren.

Da ist zunächst der Nachbau eines Sessels von Josef Hoffmann aus dem Jahr 1929 für unser Restaurant Ballhaus von 1961. In der von uns gestalteten Weise – für den Sessel ein Hoffmann-Stoff von 1907, an der Wand eine Hoffmann-Tapete von 1913 – gehen Elemente der Raumausstattung zwar auf Hoffmann zurück, diese Kombination aber hätte Hoffmann selbst nie hergestellt.

Im weiteren sehen Sie hier die Sessel des Restaurants Schwarzenberg. Es ist dies meine eigene Weiterentwicklung eines Sesseltyps aus dem frühen neunzehnten Jahrhundert. Dieses Möbel geht auf eine Zeit zurück, in welcher der Begriff des „bequemen“ Sessels überhaupt erst entstanden ist.

Dann ist dort mein Stuhl für das Café im MAK (1996) zu sehen, quasi eine Fortschreibung des seinerzeit einfachsten und billigsten Thonet-Sessels aus den zwanziger Jahren, sowohl mit Armlehnen als auch ohne.

Und zuletzt ist meine Abwandlung des bekannten Fauteuils LC2, des „Fauteuils Grand Confort“ (1928) von Le Corbusier, Pierre Jeanneret und Charlotte Perriand ausgestellt, den ich für das Hotel Messe (2005) in Wien dahingehend umgestaltet habe, dass ich das ursprünglich verchromte Stahlrohrgestell farbig gefasst und zudem an der Vorderseite zwischen Lederpolster und Stahlrohrgestell Handgriffe aus Holz vorgesehen habe. Einerseits hebt die Farbe die ursprüngliche Reduktion auf ein Möbel aus Polster und Stahlrohr auf und ironisiert diese sogar, weil „Reduktion“ als Prinzip heute nicht mehr provokativ wirkt. Andererseits haben in diesem neuen Modell nun die Hände etwas zum Greifen, und die Holzgriffe erleichtern im Gebrauch auch das Aufstehen, was in unserer zunehmend alternden Gesellschaft ein nicht unwichtiger Aspekt ist. Ich sehe dies als einen Sesselentwurf, der die Zeitdistanz zwischen dem zitierten Vorbild und dem Jetzt durch die Abwandlung bewusst und unverschleiert reflektiert. Und nur am Rande sei dazu erwähnt, dass dieser Entwurf gemäß eines erstinstanzlichen, noch nicht rechtskräftigen Urteils eine Urheberrechtsverletzung darstellt.

Worauf ich mit dieser Aufzählung hinaus möchte, ist folgende Quintessenz: „Bedeutung" im Werk, und selbst in einem Möbel, entsteht immer in Relation zum Zeitbezug, also entweder durch eine im Entwurf thematisierte oder durch Zeitverlauf selbst entstehende Distanz.

Es geht Ihnen also nicht allein um die spezielle Form, sondern um den Gedanken hinter dieser Form – ähnlich wie Sie Adolf Loos einmal zitiert haben, dass es auch diesem nicht auf die Form selbst ankomme, sondern auf den Gedanken. Oder wie Sie 1996 im Vorwort zur Neuausgabe Ihres Bandes „Zur Abwechslung" kritisch angemerkt haben, heute trage „nicht der Gedanke, sondern das Bild die mediale Vermittlung der Architektur"[5].

Dieses von Ihnen angesprochene Zitat ist eigentlich kein ausdrückliches Loos-Zitat, eher eine Umschreibung von mir zu einem Aphorismus von Karl Kraus aus dem Jahr 1910, der darin Stellung bezogen hat zu dem fast fertiggestellten Haus am Michaelerplatz (1910) von Loos, das ja bekanntermaßen die Gemüter in Wien extrem erregt hat. Dazu schreibt also Kraus: „Er [Loos] hat ihnen dort einen Gedanken hingebaut. Sie aber fühlen sich nur vor den architektonischen Stimmungen wohl."[6] Auch hierin erkennen Sie die Entgegensetzung des Denkens von der Produktion her und eines Denkens vom Erlebnis der Konsumtion her. Loos hat ja eben nicht „Stimmungen" gebaut im Sinne von „fröhlich" oder „traurig", sondern „Ausdruck" in dem Sinn, dass das Bankhaus dem Betrachter sagen soll: „Hier ist Dein Geld sicher verwahrt", oder dass ein Gefängnis nach außen eine gewisse Bedrohlichkeit verdeutlichen soll. Den von Kraus angesprochenen architektonischen „Gedanken" verstehe ich als produktiven Umgang mit dem historischen Formenkanon im jeweils gesellschaftlichen Kontext.

Um damit nochmals auf Ihre Frage nach der Formfindung zurückzukommen: Meine Einstellung zur gestalteten Form ist eher destruktiver Natur. Ich versuche tendenziell, eine eigene Formbildung zu vermeiden und verwende stattdessen lieber vorhandene, etablierte Formen – die dann von mir aber in einen nicht-etablierten Zusammenhang einbezogen werden. Insofern kommt es mir tatsächlich mehr auf den Gedanken hinter der Form an als auf die Form selbst.

Damit können wir auf Ihren architektonischen Konzeptbegriff zu sprechen kommen. Ist für Sie mit dem Begriff des „Konzeptes" auch eine „Eigengesetzlichkeit" im Objekt verbunden?

Unbedingt, und dieser Aspekt der Eigengesetzlichkeit ist in meinen Augen ein wesentlicher Bestimmungsgrund für ein Werk in der Architektur. In einem vor einigen Jahren erschienenen Artikel von mir heißt es: „Ich möchte für diese Art der Zusammensetzung den Begriff des Selbstreferenziellen beanspruchen, für alles, was von wo immer in die Architektur hineingetragen wird. [...] Die produktive Reihe von Entwurfsentscheidungen bleibt innerhalb der Architektur und ist füglich als autonom, sogar - ich bestehe darauf - als selbstreferenziell zu bezeichnen.“ [7]

Für mich sind diejenigen Aspekte an einem Entwurf „selbstreferenziell“, die ihre Begründung in der Produktion eines Entwurfes haben; was auf Seiten der Konsumtion liegt, kann man dagegen nicht als selbstreferenziell bezeichnen. Verlogenheit im Entwurf entsteht dort, wo man anfängt, mit der zu erwartenden Wirkung zu argumentieren, oder dort anzusetzen, wo Wirkung atmosphärisch vorweggenommen wird. Mir kommt es vor allem auf den „baulichen Sinn“, also auf den Gedanken an, und auf dessen Anwendung im architektonischen Raum. Wenn ich also den Titel des gerade genannten Artikels und Vortrages von 2009 benannt habe mit: „Kann Architektur von der Konsumtion her gedacht werden?“, dann ist das die rhetorische Infragestellung dieser Denkweise und gleichzeitig die Befürwortung einer Entwurfsweise in einem „Denken von der Produktion her“. Ich habe natürlich das Befinden des Benutzers vor Augen, aber ich verlasse meine Entscheidungsreihe nicht, die aus der Produktion von Architektur kommt und auf Architektur zielt.

Dem Begriff der „Eigengesetzlichkeit“ begegnet man auch in Zusammenhang mit Ihren Texten aus den sechziger Jahren, die sich auf den bereits genannten Adorno-Vortrag „Funktionalismus heute“ beziehen, von Ihnen betitelt als „Neuere Sachlichkeit“ (1963). Was bedeutet der Begriff der „Sachlichkeit“ im Entwerfen für Sie?

Sachlichkeit verstehe ich nicht im Sinne von Einheitlichkeit oder Homogenität. Architektur hat mit vielen Sachen zu tun, und die sind alle verschieden. Deswegen ist das Ergebnis einer ernstgemeinten Sachlichkeit eben gerade nicht Homogenität, also Einheitlichkeit, sondern Heterogenität. Wenn ich eine jede Sache nach ihrer eigenen Gesetzmäßigkeit behandle, wird das Ergebnis notwendig nicht-einheitlich.

Bei dem Entwurf zum Haus M. in Schwechat (1977-1981) zum Beispiel habe ich eben die unleugbare Trivialität und Banalität der unmittelbaren Umgebung als ernstzunehmenden Ausgangspunkt des Entwurfes anerkannt. Dazu kommt zum einen das fraglos „sachliche“ Prinzip der Ökonomie eines räumlich ineinandergreifenden Raumplanes. Zum anderen ist in die Entscheidungsreihe in diesem Prozess die bewusste Vorwegnahme eingearbeitet, wie das Haus am Ende ausschaut, woran die Form selbst erinnert, ob es am Ende gewohnt oder ungewohnt erscheint. Das Haus M. als „perfekter Baukörper“ hätte in dieser Umgebung wie ein Fremdkörper gewirkt, und das war und ist nicht meine Absicht.

Und so erzählen Sie mit dem Entwurf für das Haus M. quasi eine erfundene architektonische Geschichte. Ulrike Jehle-Schulte Strathaus schreibt dazu, das Haus sehe aus, „als habe der Großvater es dem Sohn überlassen und der habe dann weitergebaut.“[8] Gibt es in Ihrer Auffassung zur Architektur denn überhaupt so etwas wie den „perfekten“ Baukörper im Sinne eines architektonischen Ideals?

Im Gegenteil, ich sehe in einer solchen Sichtweise eher eine gewisse Gefahr, weil man dann ja im nächsten Schritt versuchen würde, die inneren Gesetzmäßigkeiten eines solchen „perfekten Baukörpers“ an anderer Stelle zu wiederholen, was aber ohne Frage eben nicht zum selben Ergebnis führen würde. Bauten wie die Hagia Sophia sind eben nicht wiederholbar - deswegen würde ich sie auch nicht als „architektonisches Ideal“ bezeichnen.

In der Betrachtung und Analyse eines Ideals würde man immer versuchen wollen, etwas zu abstrahieren, möglicherweise auch von der Konsumtion her: Wie wiederhole ich diesen oder jenen Effekt? Aber schon der Gedanke oder der Versuch führt zu nichts. Es macht das Folgende nur weniger eigen, den Entwurf nur weniger eigengesetzlich.

Wie sehen Sie das Verhältnis von Werk und Nutzer, wenn Sie in Ihrem Text „Neuere Sachlichkeit“ formulieren: „Gegenüber ‚den Forderungen der Sache selbst‘ hat der Konsumierende sein Recht verloren.“[9]

Weil es eben um die Architektur geht - das ist „die Sache selbst“. Ausgangspunkt ist ein Gedankengang, der von der Seite der Produktion von Architektur ausgeht. Natürlich kann ich in diese Entscheidungsreihe auch Aspekte der Nutzung einbeziehen, aber immer nur von Seiten der Produktion her gedacht.

Ich erläutere das nochmals am Beispiel des Kleinen Cafés: Hier habe ich im oberen Raum von 1974 die Spiegel auf beiden Seiten des Raumes so oberhalb der Sitznischen angebracht, dass sich der Besucher darin sieht.

Das ist aber nicht von der Konsumtion her gedacht, also nicht von Seiten des Betrachters und wie dieser sich dabei fühlt, wenn er sein Spiegelbild sieht. Es ist mir natürlich bewusst, dass er sich selbst sieht. Ich knüpfe aber keine Spekulationen daran, was der Besucher dabei empfinden mag. Das heißt, die Spiegel sind dort nicht, um ein bestimmtes Gefühl beim Besucher auszulösen, sei es in Richtung seiner Eitelkeit oder seiner Scheu, sei es im Sinne einer Selbstreflexion oder wie auch immer, sondern ich mache das ausschließlich für den Raum und seine optische Fortführung. Und weil die Längsseiten des Raumes nicht exakt parallel zueinander stehen, erzeugt die Spiegelwirkung eine bogenförmige Erweiterung des Raumes. Das ist meine Reaktion gegenüber „den Forderungen der Sache selbst".

Ein architektonisches Werk steht ja zum Betrachter oder zum Nutzer in einem ähnlichen Verhältnis wie das literarische Werk zu seinem Leser. Jean-Paul Sartre formuliert, der Adressat des Schriftstellers sei „die Freiheit des Lesers, auf dass dieser sich an dem Hervorbringen seines Werkes beteilige". Die Literatur kann sich eben nicht nur an die „Passivität [des Lesers] wenden, d.h. versuchen, ihn zu rühren und ihm Regungen der Furcht, des Verlangens oder des Zorns zu vermitteln." [10] Als Architekt spreche ich ebenso ausdrücklich zur Freiheit des Benutzers. Ich ziele auf seine aktive Auseinandersetzung mit dem architektonischen Objekt - aber keinesfalls will ich seine Stimmung vordefinieren.

Wenn ich also hier in die optische Erweiterung des Raumes das eigene Spiegelbild des Betrachters mit einbeziehe, dann konterkariere ich natürlich gleichzeitig die Raumillusion und mache dem Besucher damit unmittelbar deutlich, dass es sich nur um eine Illusion handelt - anders als zum Beispiel Adolf Loos in seiner American Bar (1910) mit den Spiegeln umgegangen ist. Loos hat dort die Spiegel umlaufend unter der Decke oberhalb der Sichtebene des Besuchers zwischen den Pfeilervorlagen angebracht, um damit eine Illusion der Raumerweiterung hinter den verspiegelten Wänden auch in der dauerhaften Betrachtung aufrecht zu erhalten. Aber sowohl in der American Bar von Adolf Loos wie auch im Kleinen Café sind die Spiegel nicht als Modus zu verstehen, um die Stimmung des Besuchers vorzubestimmen. Das kann man nicht, und das versuche ich auch nicht. Um nochmals mit Sartre zu sprechen: die Entwurfsabsicht zielt auf die Freiheit des Betrachters, nicht auf dessen Einfangen in seiner Passivität.

Kommen wir nochmals zurück zu Ihrer Auffassung des Entwerfens von „Dingen, die nach nichts ausschauen." Mithilfe dieser Aussage können wir versuchen, uns

konzeptionell dem Begriff „Ding" zu nähern. In unserem umgangssprachlichen Gebrauch ist das Ding soweit zurückgenommen, dass wir noch keinen Begriff dafür haben, sonst wäre es ja schon mehr als ein Ding. Kann es Ihrer Meinung nach überhaupt das Ding in der Architektur geben, also dasjenige, das nicht auf eine besondere Bedeutung aus ist, sondern auf sein schlichtes Sein? Und steht das in einem Verhältnis zu Ihrer Intention, Dinge zu entwerfen, „die nach nichts ausschauen"?

Nun gibt es ja meiner Auffassung nach in einem Architekturentwurf nichts, wovon man keinen Begriff hat. Der Ausspruch „Dinge, die nach nichts ausschauen" ist parallel zu Josef Franks These eines „Akzidentismus" zu lesen, also gemäß der Forderung, man solle die Umgebung so gestalten, als wäre sie durch Zufall entstanden. Erst wenn man sich damit aktiv auseinandergesetzt hat, weiß man, wie schwierig das ist. Denn das heißt ja nicht, dass man nun irgendwie „zufällig" vorgeht im Entwerfen, also heute so und morgen so, und quasi abwartet, wie es dann ausfällt. Gerade dann erreicht man das „zufällig" erscheinende Ergebnis nicht, sondern es kommen Dinge heraus, die nach irgendwelchen unterschiedlichen Absichten ausschauen. „Dinge, die nach nichts ausschauen" heißt, sie sollen absichtlich „unentworfen" aussehen, der Betrachter soll ihnen nicht die Intention im Entwerfen ansehen. Sie sollen nicht vordergründig von ihrem eigenen Entworfensein sprechen.

Damit geht auch die Absicht einher, dass der Entwurf eine „Irritation" in sich trägt – in meinen Augen ist das als eine Notwendigkeit für ein Kunstwerk zu verstehen. Meine Methode im Entwerfen ist insgesamt geprägt von einer Vorgehensweise, die versucht, möglichst viele gegebene Elemente, auch widersprüchliche, im Entwurf zur Deckung zu bringen. Es geht darum, diesen verschiedenen Elementen im Entwurfsprozess möglichst lange Raum zu geben – und sie erst dann fallen zu lassen, wenn sie sich partout nicht ins Ganze einfügen lassen. Ich will nicht von Beginn an auf eine bekannte Routinelösung hinarbeiten. Insofern spielt das Unbekannte für mich ebenso eine Rolle wie auch die Neugier, ob sich scheinbar Unverträgliches doch miteinander in Einklang bringen lässt. So ist der Entwurf immer auch ein Festhalten dessen, was ich vor Ort vorfinde.

Das bedeutet aber umgekehrt nicht, dass die von mir erwähnte und beabsichtigte Widersprüchlichkeit dem Betrachter sogleich ins Auge stechen muss – der Betrachter soll ja eben meine Entwurfsweise gar nicht wahrnehmen, er soll am besten gar nichts davon bemerken, zumindest nicht gleich beim ersten Hinschauen. Es ist so wie bei der Temperatur, die merkt man ja auch erst dann, wenn sie nicht stimmt, also wenn sie unangenehm ist. Die Dinge im Entwurf sollen eher eine gewisse „Reserve“ haben, so dass sie nicht auf den ersten Blick gelesen werden können. Angelika Fitz und Klaus Stattmann haben das in einer Ausstellung von 2004, an der ich auch beteiligt war, auf den Begriff der „Reserve der Form“[11] gebracht.

Vielleicht ist das ja überhaupt ein Charakteristikum eines architektonischen Werkes, dass ich nicht sofort verstehe, wie es gemacht ist oder was mich daran anregt oder warum ich mich gerade dort wohl fühle. Der Hintergrund dieses Charakteristikums ist eben nicht seine vordergründige Originalität, also etwas so zu machen, wie es zuvor noch keiner je gemacht hat, sondern der Versuch, Verschiedenartigkeit miteinander wirken zu lassen, also Offenheit im Umgang mit den Dingen.

Heidegger fasst das Ding als den Ursprung der Objektwelt überhaupt auf. Er stellt die Frage, ob wir beim Objekt nach unserer heute festzustellenden Bezugnahme auf das Zeughafte des Gebrauches und den verweisenden Charakter im Werk überhaupt zum „reinen“ Dinglichen zurückkommen können - oder ob das eigentliche Wesen des Dinglichen durch das Symbol im Werk oder die Funktion im Zeug dauerhaft verdeckt ist.

Nach Heidegger wäre das Ding der Ursprung, und im Ursprung gäbe es kein Werk, sondern nur das Ding?

Für das Ding gibt Heidegger keine konkreten Beispiele an. Wir können wohl den einfachen Stein auf dem Feld, der nichts anderes ist als ein Stein selbst, als ein solches Ding betrachten. Ding ist das, was „stumm“ ist, was „weltlos“ ist. Das heißt, das Ding ist frei von Bedeutungsdimensionen außerhalb seiner selbst, jenseits seiner gegebenen physischen Eigenschaften. Das Ding ist reines Wesenhaftes.

Dann ist das Werk gegenüber dem Ding also mit einem „Sündenfall“ behaftet ...

Das Werk ist mit dem Sündenfall des „Bedeutsamen“ behaftet - so könnte man es formulieren. Und dieser Sündenfall liegt im Wandel des gestaltenden Denkens begründet, in dem seit dem Humanismus nicht mehr das schlichte Machen zählt, sondern das Bedeutungsvolle im Machen wichtig wird. Von diesem Moment an stehen wir in unserem konstruierenden und hervorbringenden Tun vor der Frage, wie wir mit der Forderung nach Bedeutung, nach Ausdruck im Machen umgehen.

Wenn man nun Ihrem Gedanken folgen will, quasi „hinter" das Werk zum Ding zurückzugehen - und ich sage ganz bewusst, *wenn* man das will -, so könnte vielleicht ein Weg, um zum Ding zurückzukehren, darin liegen, dass in dem Schaffensprozess der Architektur nicht mehr allein individuelle Arbeit geleistet wird, sondern kollektive Arbeit im Entwurf. Vielleicht könnte man damit wieder zu einem Ding zurückkommen. In der Teamarbeit würde das Kollektive gegenüber dem Individuellen in den Vordergrund rücken, es würde andere Aspekte als die Form in den Mittelpunkt stellen, da man sich in Fragen der Form nur bedingt kollektiv verständigen kann. Das Individuelle, das von der Bedeutung lebt und zur Bedeutung hinstrebt, stünde somit nicht mehr im Vordergrund. Teamarbeit würde so der individuellen Autorenschaft entgegenstehen, bzw. die Autorenschaft würde auf mehrere verteilt werden.

Sicherlich schaut das Ergebnis dann anders aus als das Ding vor dem Sündenfall. Aber vielleicht hat es inhaltlich noch etwas miteinander zu tun. In einem anderen Text habe ich - auch in Bezug auf Hegels Forderung, die äußere unorganische Natur müsse durch die Architektur als kunstgemäße Außenwelt dem Geiste verwandt werden - geschrieben: „Ein breiterer Begriff des architektonischen Materials muss allen Wildwuchs einschließen, neben allen natürlichen Gegebenheiten auch die menschengeschaffene Umwelt samt ihren Trivialitäten." [12]

Damit beziehen Sie die unumgänglichen Trivialitäten unserer Umwelt als Teil des menschlichen Schaffens in den Prozess des architektonischen Hervorbringens mit ein. Wobei das Triviale im Gegensatz zum Werk meist ja keinen ausgewiesenen Autor hat.

In Ihrem Text „Manierismus und Partizipation" (1977) stellen Sie die beiden Aspekte von Autorschaft und Nichtautorschaft unmittelbar nebeneinander. Der Titel erstaunt insofern, als dass ich die Begriffe von Manierismus und Partizipation inhaltlich zunächst direkt konträr zueinander ansetzen würde. Der Begriff des „Manierismus" beschreibt doch gerade das subjektive, von eigener Hand geprägte Schaffen, „Partizipation" dagegen den Gedanken des gemeinsamen Handelns, somit also das Allgemeine, welches das Subjektive in den Hintergrund verweist.

Mit dem Begriff des Manierismus ist hier zweierlei gemeint: zum einen ist es eine bewusste Haltung, also kein irrationales Tun; zum anderen bedeutet Manierismus aber auch das Offensein für Regelbrüche, für Absurdes, für etwas, was aus anderen Quellen kommt und dem Betrachter zunächst unsinnig erscheinen mag, was aber für sich selbst bzw. aus einem anderen Blickwinkel heraus wiederum glaubwürdig ist.

Dagegen hatte sich die klassische Partizipationstheorie der sechziger, siebziger Jahre des zwanzigsten Jahrhunderts auf den Standpunkt gestellt, dass sich der Architekt als Formgeber zurücknehmen und selbst eben keinen Ausdruck mehr schaffen soll, damit der Nutzer umso mehr zum Ausdruck kommt. Meine Meinung dazu war, dass diese Ansicht nur durchzuhalten ist, wenn man als Architekt entweder dumm ist oder verlogen.

Um aber tatsächlich mit dieser Theorie von Partizipation *und* Manierismus umgehen zu können, muss man eine Haltung entwickeln, die offen ist für Elemente, die augenscheinlich nicht in den Entwurf zu passen scheinen. Wörtlich heißt es dazu in dem genannten Text: „Eine Haltung der Intellektualität, der Bewusstheit; und weiter ein Sinn für das Irreguläre, Absurde, die jeweils aufgestellten Regeln Durchbrechende; die Haltung des Manierismus."[13] Eine ernstzunehmende Kultur der Partizipation ist demnach nur auf der Basis eines Manierismus möglich. Doch bereits in diesem Text habe ich gewarnt vor Intellektualität als leerer Hülse und vor der Irregularität als bloßem Versatzstück. Es geht vielmehr darum, ein offenes gedankliches System zu entwickeln. Regeln helfen hier nicht. Denn es ist ja so, dass trotz Einhaltung aller Regeln ein totes Werk entstehen mag und ein lebendiges Werk allen Regeln des eigenen Systems widersprechen kann.

Hat in diesem Kontext der Begriff der Schönheit für Sie Relevanz?

Als Begriff hat Schönheit an sich keine produktive Relevanz. Schon im alltäglichen Sprachgebrauch ist der Ausspruch, etwas sei „schön", zwar eine positive Stellungnahme, aber keine weiterführende inhaltliche Aussage. Was soll ein DJ mit dem Wunsch: „Spiel was Schönes!" anfangen? Andere Adjektive sind da viel wertvoller. So würde ich den Begriff der Schönheit in erster Linie als „Nominalie" bezeichnen – als einen Begriff, der auf einer abstrakten Ebene existiert, aber dessen Inhalt nichts Produktives erzeugt.

Ich nehme an, dass dies auch auf die Frage nach einer Wahrheit im Werk zutrifft?

In der Kunst allgemein geht es ja nicht um eine Pfadfinderwahrhaftigkeit. Eine künstlerische Aussage kann eben durchaus auch eine bewusste Täuschung beinhalten. In diesem Sinn zielt ein Werk nicht auf Eindeutigkeit, das ist nicht das Thema. Ähnlich wie bei dem Begriff der Schönheit, ist es doch auch bei dem Begriff der Wahrheit so, dass es eine Begriffsschöpfung ist, die keine eigene Realität hat. Als Mensch mag man wahrhaftig sein können, aber in der Architektur gibt es keine Wahrhaftigkeit.

Spricht aus Ihren Worten grundlegend ein Skeptiker, in dem Sinne, dass ein Werk eben nur situativ wirksam sein kann, aber nicht übergeordnet? In ähnlicher Weise haben Sie sich ja in Ihrem Text „Nur keine Panik" wie folgt geäußert: „Vor fünfzig Jahren war man davon überzeugt, dass moderne Architektur die Tuberkulose heilen könne; und da die Tuberkulose tatsächlich verschwunden ist, glauben Architekten sich jetzt zur Lösung umfassender Probleme berufen." [14]

Der Glaube an Wahrheit oder Schönheit im Entwurf oder in der Architektur würde ja voraussetzen, dass man ganz allgemein formulieren und festsetzen könnte, was wahrhaft ist – aber das ist doch immer von der Situation abhängig. In Summe helfen uns diese Begriffe in der Einschätzung von Qualität auch nicht unbedingt weiter. Insofern sind solche Begriffe wie Ehrlichkeit, Wahrheit, Wahrhaftigkeit eher irreführend, weil sich daraus für das Verhältnis von Objekt und Betrachter nichts ableiten lässt.

Die bewusste, nicht aber augenscheinliche Irritation scheint ein Leitmotiv Ihrer Arbeit zu sein. Das meine ich auch in Ihrem Entwurf für die Winterverglasung der Loggia der Wiener Staatsoper (1994) zu erkennen, die zum Schutz der Fresken der offenen Loggia jedes Jahr im Herbst eingebracht wird. In der spezifischen Art, wie die Konstruktion die Statuen in der Loggia umrahmt, erscheint diese auf den ersten Blick wie eine manieristische Spielerei, wenngleich sie natürlich einer Notwendigkeit folgt. Mit dem polygonalen Bogen bringen Sie hier ein bestimmendes architektonisches Motiv ein: das Polygon verwenden Sie im Grundriss, um die Statuen in den Loggien zu umfahren und dann wieder an den Säulen anzuschließen, die in derselben Ebene liegen wie die Statuen. Dieses Polygon taucht dann auch im Aufriss der Verglasung auf: hier ergibt es das Motiv des „Durchhängens" der Basislinie der Verglasung zwischen den Kämpferpunkten der Bogenöffnungen. Das Glas wird so zu einem quasi textil wirkenden Element. Wie auch immer man es umschreibt: der Entwurf erscheint mir als ein Spiel zwischen Formgebung und Material, was zu einem Wandel in der Wahrnehmung der vertrauten Materialeigenschaften führt.

Wahrnehmung wirkt ja überhaupt zunächst immer unbewusst. Der Entwurfsprozess muss daher im Werk eine relative „Informationsdichte" her-

stellen, wobei einerseits nichts Unnötiges gezeigt und andererseits auf nichts verzichtet wird, was in der Situation selbst begründet ist.

Andererseits scheinen Sie auch interessiert an der Frage der Wahrnehmbarkeit bewusst kleiner Eingriffe – ich spreche dabei zum Beispiel von Ihrem Entwurf für das Restaurant Salzamt in Wien (1983). Hier haben Sie den Raum in Längsrichtung mittig ausgebaucht, sowohl im Grundriss durch die bogenförmige Anordnung der Lüftungskanäle und der halbhohen Holzsäulen mit den aufgesetzten Kugelleuchten, als auch im Längsschnitt durch die sukzessive Absenkung des Bodens zur Raummitte hin: dabei fällt der Boden zur Raummitte um mehrere Zentimeter ab gegenüber dem Eintritt und dem Endpunkt des Raumes. Was ist die Veranlassung für eine so unterschwellige Metamorphose im Raum?

Nochmals: Unsere Wahrnehmung, ob an einem Objekt oder in einem Raum, wirkt zunächst immer unbewusst und in Relation zu unserer Erfahrung. Wer von der Absenkung des Raumes im Salzamt vorher nichts weiß, der kommt gar nicht darauf, dass sich hier etwas außerhalb der Norm abspielen könnte. Aber es wirkt trotzdem. Die architektonische Überlegung dabei ist folgende: Ich habe hier einen in Längsrichtung geraden, linear überschaubaren Raum vorgefunden. Bei einem solchen Raum, im großen Maßstab zum Beispiel vergleichbar mit der Spiegelgalerie von Versailles, habe ich eigentlich keinen Grund hineinzugehen ...

... weil ich schon weiß, was mich am Ende erwartet ...

... und noch mehr, weil der Punkt des Eintritts an einem Ende des längsgerichteten Raumes ja ohnehin der stärkste Punkt im Raum ist. Von da an kann der Raumeindruck ja nur schwächer werden, weil von diesem Moment an der Raum immer kürzer wird.

Auch unsere Erwartung hat ja immer etwas mit der Erfahrung zu tun. Aufgrund dieser erwartbaren Erfahrung habe ich als Besucher gar keinen Grund, in einen solchen Raum hineinzugehen. Wenn ich aber unbewusst merke, in dem Raum vor mir ändert sich etwas, dann habe ich einen Anlass hineinzugehen – diesem will ich dann auf den Grund gehen. Das muss man gar nicht bewusst begreifen oder formulieren können, wahrscheinlich merkt das kaum jemand. Die Absenkung in der Mitte um acht Zentimeter ist das Maximum gewesen, was das Kellergewölbe hergegeben hat. Die Kugelleuchten auf den halbhohen Säulen machen diese Bewegung jedoch

nicht mit, sonst hätte sich die Absenkung ja als solche dem Betrachter gezeigt. Die Leuchten sind etwa auf Augenhöhe und bleiben auf der gleichen Höhe, der Vorbeigehende aber kommt mit jedem Schritt Zentimeter um Zentimeter tiefer, um hinter der Raummitte wieder aufzusteigen.

So ist die Metamorphose des Raumes der Wahrnehmung des Besuchers unterworfen?

Ich würde es nicht „unterworfen" nennen - es ist ein *double-bind*, ein Ausgesetztsein gegenüber zwei verschiedenen Handlungsmustern, die nicht miteinander übereinkommen können! Es ist eine doppelte Verneinung, ein Sowohl-als-auch, wie auch immer wir das umschreiben wollen. Man könnte auch sagen: es ist *überbestimmt*. Natürlich ist der Entwurf eine konkrete Änderung des bestehenden Raumes, aber die Änderung ist durch verschiedene Argumente bestimmt. Und ganz allgemein gesprochen gilt für mich: eine Intervention ist umso stärker, je mehr Begründungen und Argumente sie stützen. Oder um es mit Karl Kraus zu formulieren: „Künstler ist nur einer, der aus der Lösung ein Rätsel machen kann." [15]

Wien, in Gesprächen zwischen September 2012 und September 2015

Anmerkungen

1 Hans-Georg GADAMER, *Über das Lesen von Bauten und Bildern (1979)*, in: Gadamer, *Gesammelte Werke, Band 8, Ästhetik und Poetik I, Kunst als Aussage*, Tübingen: Verlag Mohr Siebeck 1993, 331–338, hier: 331.

2 Theodor W. ADORNO, *Funktionalismus heute (1965)*, in: Adorno, *Ohne Leitbild, Parva Aesthetica*, Frankfurt/M.: Suhrkamp 1969, 104–122, hier: 108.

3 Hermann CZECH, *Nur keine Panik (1971)*, in: Czech, *Zur Abwechslung*, Wien: Löcker Verlag 1996, 63.

4 Anmerkung: Im Österreichischen bezeichnet der Begriff „Sessel" ein Möbel, das im Deutschen „Stuhl" genannt wird. Der im Deutschen gebräuchliche Begriff „Sessel" heißt dagegen im Österreichischen „Fauteuil".

5 Hermann CZECH, *Vorwort zur Neuauflage*, in: Czech, *Zur Abwechslung*, Wien: Löcker Verlag 1996, 8.

6 Karl KRAUS, *Die Fackel*, Nr. 313/314, 31. Dez. 1910, 5.

7 Hermann CZECH, *Kann Architektur von der Konsumtion her gedacht werden? (2009)*, in: *Die Architektur der neuen Weltordnung*, Weimar: Verlag der Bauhaus-Universität Weimar 2011, 239-251, hier: 242.

8 Ulrike JEHLE-SCHULTE STRATHAUS, *In welchem Style sollen wir bauen? Gedanken zur Stil-Losigkeit im Werk von Hermann Czech,* in: werk, bauen + wohnen, Nr. 6/1996, 9-11, hier: 10.

9 Hermann CZECH, *Neuere Sachlichkeit (1963),* in: Czech, *Zur Abwechslung,* Wien: Löcker Verlag 1996. 56-57, hier: 56f.

10 Jean-Paul SARTRE, *Was ist Literatur? (1947),* Reinbek: rororo Verlag 1981, 30f.

11 Angelika FITZ, Klaus STATTMANN, *Reserve der Form,* Wien: Verlag Christoph Keller 2004.

12 Hermann CZECH, *Eine Strategie für das Unplanbare,* in: Mikocki, Ricica, Schreiner, Kastler (Red.): *wildwuchs, Vom Wert dessen, was von selbst ist, Eine Anthologie des Ungeplanten,* Wien: Verlag MA 22, 2003, 84-85.

13 Hermann CZECH, *Manierismus und Partizipation (1977),* in: Czech, *Zur Abwechslung,* Wien: Löcker Verlag 1996, 89-91, hier: 91.

14 Hermann CZECH, *Nur keine Panik (1971),* wie Anm. 3, 63.

15 Karl KRAUS, *Die Fackel,* Nr. 406/412, 5. Okt. 1915, 138.

Bildlegende und Copyrights

S.53 Kleines Café I, Wien, 1970, © Hermann CZECH
S.55 Restaurant im Palais Schwarzenberg, Wien, 1984, © Gert VON BASSEWITZ
S.57 Verlegeplan des Fußbodens im Kleinen Café, Wien, 1977, © Hermann CZECH
S.65 Perspektivzeichnung Haus M., Schwechat, 1977-1981, © Hermann CZECH
S.67 Kleines Café, Spiegelwirkung im oberen Raum, Wien, 1974, © Tom SCHOPER
S.73 Winterverglasung der Loggia der Wiener Staatsoper, Wien, 1994, © Harald SCHÖNFELLINGER
S.75 Restaurant Salzamt, Wien, 1983, © Martin Nicholas KUNZ

Biographische Notiz

Hermann Czech (*1936) studierte Architektur in Wien und Salzburg bei Ernst A. Plischke und Konrad Wachsmann. Seit den sechziger Jahren ist Czech als Architekt von Bauten unterschiedlichster Maßstäbe bekannt. Sein bemerkenswert ungleichartiger Werkkomplex umfasst sowohl Caféhäuser und Restaurants wie auch Wohnungsbauten, Schulbauten sowie städtebauliche Entwürfe. Im weiteren hat sich Czech als Autor zahlreicher kritischer Publikationen zur Architektur einen Namen gemacht, zudem als Herausgeber von Neuausgaben und Übersetzungen zu Schriften von Adolf Loos, Josef Frank und Christopher Alexander. Als Architekturlehrer ist Czech über viele Jahre als Gastprofessor an international bekannten Hochschulen tätig, so unter anderem an der Akademie der bildenden Künste in Wien, an der Harvard University (Cambridge/USA) und an der ETH Zürich.

Architektur ist evolutionär - nicht revolutionär! Entwerfen als Unterhaltung mit der Geschichte

Ein Gespräch mit Tom Emerson, London

Ein Werk ist die umfassende Darstellung einer intendierten Bedeutung in ihrer Zeit.
Tom Emerson

Tom Schoper: In seiner Schrift „Der Ursprung des Kunstwerkes" (1935/36) hat der Philosoph Martin Heidegger versucht, das Wesen des Kunstwerkes über die Abgrenzung von den Dingen des Alltags herauszustellen. In unserem Gespräch soll es nun zum einen um die Frage gehen, ob die von Heidegger angeführten Begriffe „Werk", „Ding" und „Zeug" auch auf die Architektur übertragbar sind und ob sie dort überhaupt eine Relevanz haben. Zum anderen möchte ich dieses Gespräch führen, um am Beispiel der Bauten Eures Büros 6a architects und Eurer Entwurfsauffassung einer möglichen Charakteristik des architektonischen Werkes in seinen unterschiedlichen Facetten nahezukommen.

Tom Emerson: Zunächst darf ich sagen, dass ich mich als Architekt nicht als Experten für Heidegger betrachte. Und doch ist diese philosophische Sichtweise auf die Architektur für mich ein interessanter Aspekt, denn während meines Studiums an der University of Cambridge war insbesondere das dortige Department of Architecture stark beeinflusst von zwei Persönlichkeiten, die für hermeneutische und phänomenologische Sichtweisen zur Architektur standen: Peter Carl und Dalibor Vasely. Die beiden waren sozusagen die intellektuellen Köpfe unserer kleinen Fakultät, und die Schriften von Philosophen wie Heidegger, Gadamer, Merleau-Ponty gehörten quasi zum Pflichtprogramm unserer Schule.

Ich will nun nicht unbedingt behaupten, dass ich diesen Inhalten tatsächlich gefolgt wäre in meiner Auffassung zur Architektur, aber sicherlich lässt sich auch ein gewisser Einfluss nicht leugnen. Und diesen sehe ich in erster Linie in dem Interesse für einen architektonischen Diskurs zum Umfeld, zur Umgebung, zum Milieu, zum Bestand.

Wenn die Begriffe von „Umfeld" oder „Milieu" für Deine Ausbildung solche Wichtigkeit hatten, bedeutet dies dann auch eher eine Annäherung an die Architektur über Phänomene der Soziologie als über Themen der formalen Gestaltung eines architektonischen Objektes? Mit anderen Worten: Worin liegt für Dich der

Ursprung eines architektonischen Werkes? Ist ein architektonisches Werk mehr von den soziologischen Phänomenen seiner Umgebung beeinflusst oder von einer spezifischen, formalen Idee?

In unserer Auffassung hat im Entwurf der Bezug auf die Umgebung Vorrang gegenüber der autonomen Idee eines Objektes, vor allem bei Projekten, die in einem urbanen Kontext entstehen, denn dort sehe ich die Möglichkeit für ein autonomes Objekt grundsätzlich als nicht gegeben an. In einer städtischen Umgebung kann man ein architektonisches Werk per se jeweils nur fragmentarisch erfahren, es befindet sich zwischen anderen und im wahrsten Sinne auch über anderen Gebäuden, die sich möglicherweise zuvor an dieser Stelle befanden.

Für uns ist damit die Umgebung, das Milieu tatsächlich die Basis dessen, was wir die spezifische Idee eines Projektes nennen. Wir sind eher an dem Verhältnis zwischen dem Bestand der Umgebung und unserer architektonischen Intervention interessiert als an einer exklusiven Betrachtung von Architektur im Sinne eines singulären Objektes. Bei jedem einzelnen Projekt fühlen wir uns immer wieder von den Bedingungen vor Ort beeinflusst, die wir als eine Art Rahmen auffassen. Dieser Rahmen beinhaltet neben der schlichten Grundstücksgröße und den Möglichkeiten der Ausnutzung eben auch Fragen zur unmittelbaren Umgebung oder zum sozialen Milieu, also Elemente, die über die klassischen Grundstücksparameter hinausgehen, die aber dennoch das Projekt selbst beeinflussen können. Es sind also unterschiedliche Faktoren, die unsere Entwürfe bedingen, die aber auch den Umgang mit Beispielen oder Vorbildern aus der Architekturgeschichte einschließen.

Vielleicht können wir auf diesen von Dir angesprochenen Umgang mit Vorbildern konkret an einem Beispiel zu sprechen kommen: Im Rahmen Deiner Lehre an der ETH Zürich lässt Du die Studierenden Modelle im Maßstab 1:1 bauen, in denen sie quasi mimetisch Vorbilder aus der Architekturgeschichte nachempfinden.

Im vergangenen Jahr war das ein Raum aus dem Sir John Soane's House in London, die so genannte Picture Gallery, ein ganz besonderes Beispiel eines Galerie- und Ausstellungsraumes, lange vor dem uns heute so vertrauten White Cube. Hier hängen die Bilder nicht nur übereinander, also in einer dichten Petersburger Hängung, sondern sogar hintereinander, sodass mehrere Schichten von Gemälden an den Wänden quasi nacheinander aufgeblättert werden können. Wieso hast Du gerade dieses Beispiel gewählt?

Um diesen Nachbau von John Soane's House zu erklären, muss ich ein wenig ausholen, denn das war ein Teil eines Forschungsprojektes zur Untersuchung nachindustrieller Landschaften und der nachindustriellen Stadt. In diesem Zusammenhang stellten wir auch eine Entwurfsaufgabe in Forst/Deutschland, nahe der polnischen Grenze. Forst war einst eine reiche Stadt, die im neunzehnten und frühen zwanzigsten Jahrhundert berühmt war für ihre Textilfabrikation. Von dort aus wurden Kleider und Stoffe in die ganze Welt exportiert. Forst war sozusagen das deutsche Manchester. Heute dagegen ist Forst als Stadt eine Ruine. Forst erschien uns damit wie die Verkörperung dessen, was Sir John Soane über Ruinen notiert hatte, wenn auch in ganz anderem zeitlichen Kontext. Was also bedeutet der Begriff der Ruine für die Architektur? Was ist eine Ruine in der Architektur? Es ist der Moment, in dem die Architektur als Gebautes jenseits des Gebrauches ist, wo sie nur als Potential erkennbar ist, sozusagen als eine Möglichkeitsform. Das ist ein seltsamer Moment im Leben eines architektonischen Artefaktes; es ist herausgenommen aus dem Kontext, in dem es als Gebäude im kollektiven Gedächtnis verankert ist; es ist ein Zustand, der auf jahrelangen Gebrauch zurückblickt und möglicherweise auch wiederum einen - dann vielleicht ganz anderen - Gebrauch vor sich haben wird. In dem Zwischenzustand als Ruine verändert sich mit dem einzelnen architektonischen Element aber auch die Umgebung. In Forst haben sich heute in den Höfen der Textilfabriken ganze Wälder ausgebreitet, so dass diese Höfe ihre ursprüngliche räumliche Verteilerfunktion verloren haben - und diese wohl auch nie mehr wieder erlangen werden.

Sir John Soane's Auffassung zur Ruine als ein aus seinem architektonischen Kontext herausgelöstes Objekt war also die Basis unserer Auseinandersetzung im Sinne der Frage: was passiert, wenn wir dieses Herausgelöstsein einer Ruine auf andere Weise hervorrufen, wenn wir also ein bekanntes architektonisches Objekt aus seinem gewohnten Kontext herausnehmen und es anders präsentieren? Wir wählten dann die Picture Gallery, den vielleicht charakteristischsten Raum aus Sir John Soane's House, befreiten sie aus ihren vielfältigen Kontexten, setzten sie in eine neue und andere Umgebung in Zürich und bauten sie als ein architektonisches Objekt auf. Dieser Raum hat ja ursprünglich nur ein Inneres, er ist nur als Innenraum erfahrbar. Nach außen tritt er gar nicht in Erscheinung, man nimmt diesen eben nicht als ein architektonisches Objekt wahr, und man kann ihn eben auch nur durch das Haus und durch die anderen Räume hindurch erreichen.

Unser Modell-Nachbau zeigt sehr deutlich, dass wir als Architekten also nie nur an einer einzigen architektonischen Kategorie interessiert sein können – also entweder am Raum oder an der äußeren Form des Objektes – sondern dass wir immer gleichzeitig seine unterschiedlichen Erscheinungsarten vergegenwärtigen müssen. Damit trifft übrigens auch die Auffassung nicht mehr zu, dass wir dieses Gebäude „kopiert“ hätten, denn natürlich mussten wir hier ebenso viel selbst entwerfen, wie wir nachgebaut haben: der Raum hat ja selbst kein Äußeres, also musst Du sein Erscheinungsbild erst erfinden. Der Begriff einer „Kopie“, der in unserem Beruf ja keinen Stellenwert hat, wird unmittelbar ersetzt durch eine Art von Neufindung, da wir für den Innenraum überhaupt erst ein Äußeres, einen Körper herstellen mussten.

Zudem war ich auch sehr gespannt, wie die Studenten mit der Aufforderung zurechtkommen würden, dass sie etwas kopieren sollten. Der Begriff der „Kopie“ ist in der Architektur ein ganz anderer als in der Malerei, wo Du eine Leinwand aufspannst und ein Gemälde abmalst oder nachbildest, was ja durchaus zu extremen und fast absurden Momenten von Präzision führen kann. In der Architektur dagegen bedeutet „kopieren“, dass man mehr oder weniger nach dem ersten Schritt schon wieder damit aufhören muss ...

... nämlich deswegen, weil die Umstände verschieden sind: die Umgebung, das Material, die Handwerkstechniken, schlicht die Zeit ist eine andere. Daher begreife ich Euren Nachbau der John Soane's Picture Gallery inhaltlich in erster Linie als eine Auseinandersetzung mit dem Konzept der „Imitation" in der Architektur.

Ja, das ist richtig. Vor allem war ich daran interessiert, die scheinbar fixe Vorstellung der Studenten vom freien Entwerfen selbst aufzubrechen. Und offen gesagt neigen Architekten allgemein zu eben dieser Beschränkung der Sichtweise, die dann insbesondere im Hinblick auf die Kopie zu hinterfragen ist. Dabei ist es doch so: nicht einmal mit der festen Absicht zu kopieren kann man wirklich kopieren. Architektur lässt sich nun einmal nicht kopieren. Niemals wird es möglich sein, eine Umgebung nachzubilden, in der das Original eingebettet war, die in diesem Kontext ihre Berechtigung hatte und funktionierte. Das 1:1-Modell wird tatsächlich etwas anderes werden, nämlich die Grundlage zu etwas Eigenem. Und je näher Du an das Original herankommen willst, umso schärfer zeichnen sich die unüberwindlichen Differenzen ab. Selbst wenn wir also versucht

haben, so ernsthaft wie möglich mit dem Original umzugehen, so kann das Ergebnis doch bestenfalls eine Annäherung daran sein. Selbst wenn wir also versucht haben, nichts am Original zu interpretieren, so konnten wir nicht umhin, mit verschiedenen Details in unserer „Nachbildung“ auf eigene Weise umzugehen.

Würdest Du zustimmen, dass das Prinzip der „Nachbildung“ nur der erste Schritt sein kann in einem Entwurf – und unmittelbar danach beginnt es sich in etwas anderes zu wandeln, das wir konzeptionell eher eine „Abwandlung“, eine Metamorphose nennen könnten? Vielleicht geht es mehr darum, einen bestimmten Eindruck, den wir in unserem Geist in uns tragen, wieder heraufzubeschwören, sei es eine bestimmte räumliche Erfahrung, eine architektonische Anekdote oder was auch immer.

Und das kann durchaus auch dem Motiv des „Unfalls“ oder des „Zufalls“ geschuldet sein. Meiner Meinung nach liegen die Begriffe von Entwurf und Zufall oder Unfall sehr nah beieinander. In der Architektur wurden doch über die Geschichte hinweg so viele Prozesse, Motive, Techniken gefunden oder von einem System in ein anderes übernommen, von einem Material zu einem anderen, von einem Ort zum anderen: ein Kaufmann fährt eines Tages nach Amsterdam und dort fallen ihm diese schicken Fenster auf, die eine gute Belüftung sowohl im unteren wie im oberen Bereich ermöglichen. Zurück in England kann er sich nicht mehr ganz exakt daran erinnern, wie es funktionierte, aber er hat ein Ziel – und in dem weiteren Prozess erfindet er etwas Eigenes: das englische Aufziehfenster oder Schiebefenster.

Das Prinzip der Imitation können wir auch vergleichen mit dem Lernprozess bei Kindern: sie lernen sprechen durch die Imitation dessen, was sie von den Eltern in deren Gespräch hören und sehen. Und im Alter zwischen zwei und fünf Jahren ist ihr Spiel mit den Worten unglaublich ausgeprägt, aber sie kümmern sich nicht um Missverständnisse oder Doppeldeutigkeiten – sie nehmen diese vielmehr auf und benutzen sie, um wiederum Neues zu lernen. Ich erzähle Dir eine Anekdote, um das zu verdeutlichen: Zu Weihnachten habe ich einmal einen Hobel geschenkt bekommen, einen wunderbaren, hölzernen, handgemachten Hobel. Auf Englisch heißt Hobel „plane“, genau wie Flugzeug auch „plane“ heißt. Und mein Neffe, damals drei Jahre alt, hört dieses Wort „plane“, kommt zu mir gerannt und sagt: „Show me your plane!“ – im Sinne von: „Zeig’ mir Dein Flugzeug!" Ich zeige ihm den Hobel, er nimmt ihn in die Hand und beginnt, mit dem Hobel diese typischen Bewegungen und Geräusche zu machen, als würde er ein Flugzeug durch die Luft fliegen lassen. Aber natürlich merkt er, dass irgendetwas anders ist und so fragt er: „Aber wie fliegt es?" Der Vater meines Neffen, ein Grundschullehrer, sitzt in diesem Moment direkt neben uns, lächelt und sagt: „Oh, ein Homophon" - das bezeichnet ein Wort, das zwei ganz unterschiedliche Bedeutungen hat bei identischer Schreibweise. Und so fragt mein Neffe: „Also, wie fliegt dieses Homophon?"

Für mich ist das eine wunderbare Geschichte über Imitation - wenn auch ohne Sinn. Sie verdeutlicht die Entwicklung von Gedanken in ihrem Verhältnis zu Form und Bedeutung. Durch das Mittel der Imitation kann man Dinge miteinander verweben, die ihrerseits vollkommen verschieden sind.

Ganz besonders interessiert mich hieran auch das Potential der Architektur zur „Serendipity", also zum Zufallsfund. Aber zu der so genannten Serendipity gehört nicht nur das andauernde Suchen - denn natürlich findest Du irgendwann etwas, wenn Du nur lange genug suchst; vielmehr gehört zur Serendipity die Fähigkeit, im richtigen Moment zu erkennen, dass Du bereits etwas gefunden hast, was für Deine Arbeit von einer gewissen Bedeutung sein kann.

Der Nachbau des John Soane's House ist natürlich auch schlicht eine gute Aktion mit einem beeindruckenden Ergebnis, in dem die Studenten zudem mit dem Maßstab 1:1 vertraut werden, der viel zu selten im Studium eine Rolle spielt. Welche inhaltliche Intention verbindest Du zudem mit dem Nachbau, mit der Imitation?

Architektur und Konstruktion sind in unserer Auffassung grundlegend mimetischer Natur. Auch hier lernen wir durch Imitation. In der Architektur kann man heute nichts mehr komplett neu erfinden. Es hat ja auch niemand jemals den Stuhl „erfunden", aber irgendwann begannen die Menschen eben damit, sich hinzusetzen, und daher brauchten sie dann ein spezielles Objekt für eben diesen Fall. Und als Gestalter und Architekten müssen wir uns seitdem um eine Antwort auf die Frage kümmern, wie man bequem sitzen kann - und wie das gleichzeitig auch noch ansprechend aussieht.

Unsere Arbeitsweise ist dabei sehr weit entfernt von der Auffassung klassisch moderner Architekten, in dem Sinne, dass diese wirklich noch an das Neue geglaubt haben, z.B. an neue Regeln in der städtebaulichen Setzung von Gebäuden zueinander, worin sie bewusst ein bestehendes Stadtraster missachtet haben. Sie glaubten, Architektur sei von ihrem Wesen her revolutionär - wir glauben dagegen, Architektur ist evolutionär. Wir sehen unsere Arbeit daher als ein Gegenmodell zu den Inhalten dieser architektonischen Moderne, vielleicht sogar als ein Gegengift dazu. Mit einem Entwurf wollen wir eine Art Wiederbelebung dessen bewirken, was wir an einem Ort finden oder entdecken, wann immer wir zu einer baulichen Intervention aufgefordert werden.

Kann man also Euer Interesse an der Imitation als eine Art „Brücke" zwischen Geschichte und Jetztzeit sehen?

Imitation ist ein Modus des Arbeitens und Denkens, der uns erlaubt, unterschiedliche Dinge in eine Relation zueinander zu bringen; und das ist für das architektonische Entwerfen unumgänglich. Ich habe diesen Gedanken, und übrigens auch die Entgegensetzung von „Evolution vs. Revolution", ursprünglich von dem französischen Philosophen Bruno Latour (*1947) übergenommen, der einen Essay über das Design geschrieben hat mit dem Titel: „Ein vorsichtiger Prometheus" [1]. Wenn ich mich recht erinnere, sieht Latour in dem Begriff von „Design" auch etymologisch die Wurzel dessen, Dinge „zusammenzuziehen" oder „zusammenzuzeichnen". Das bedeutet, dass alle Elemente einer Aufgabe zu bedenken und miteinander zu verknüpfen sind - und diese Denkweise beinhaltet immer auch eine Haltung des „Re-Design". Selbst wenn Latours Auslegung von Design sich weniger auf das Prinzip der Imitation stützt als auf den Begriff der Evolution, so sehe ich mich dennoch dadurch bestärkt darin, nicht auf das „Neue" in einer formal differenzierenden Weise abzuzielen, sondern das „Neue" auch erreichen zu können, indem wir uns unter dem Präfix des „Re-" ernsthaft mit dem Bestand auseinandersetzen.

Deine Erwähnung des Textes von Bruno Latour zeigt erneut, dass Du auch theoretische Aspekte in Deine Arbeit als Architekt einbeziehst. Wie gehst Du als praktizierender Architekt mit diesen philosophischen Einflüssen um?

Bevor wir darauf kommen, möchte ich einen weiteren wichtigen Einfluss erwähnen, den ich durch eine Semesterarbeit während meines zweijährigen Diploms an der Cambridge University hatte. Zum Abschluss schrieb ich eine Arbeit über den französischen Schriftsteller Georges Perec (1936-1982) bzw. die Auffassung von Raum in dessen Schriften. Perecs bekanntestes Werk ist wohl „La Vie mode d'emploi“ [2]. Der Hauptakteur in Perecs Werken ist für mich die spezielle Struktur des Aufbaus seiner Bücher, die man durchaus als eine Raumstruktur bezeichnen kann. Sein Werk, seine Erzählungen, der ganze Bedeutungsaufbau - auch in Bezug auf seine handelnden Personen - ist extrem räumlich konstruiert. Umgekehrt ist der Raum durch das Verhalten der Akteure und ihrer Geschichten strukturiert, zudem geprägt von seinem sehr genauen Blick auf ganz alltägliche Situationen, auf Alltagsobjekte, Alltagshandlungen, Alltagsbegegnungen. In Bezug auf den narrativen Gehalt seiner Erzählungen geschieht unglaublich wenig, und doch ist es eine Menge, wenn man das Leben als eine Anhäufung kleiner Dinge betrachtet, denen er sich intensiv widmet.

Für Perec liegt der Ursprung von Raum in einem weißen Blatt Papier. Das macht dieses Buch für mich zu etwas wie einem Haiku, es ist voll von kleinen Gedanken zu Maßen und Einheiten, voll von Vermutungen, voller Hypothesen im Sinne von Was-wäre-wenn: was wäre zum Beispiel, wenn wir die Räume unserer Häuser nicht nach ihren Funktionen benennen würden, sondern nach etwas anderem - aber was wäre dieses Andere?

George Perec und seine Freunde, Raymond Queneau, Italo Calvino und andere, gründeten einen experimentellen Literaturzirkel, den sie „Oulipo“ nannten, ein Akronym für „L'Ouvroir de la Littérature Potentielle“. In diesem haben sie untersucht, was Literatur überhaupt ist - oder noch sein kann. In ihrer Deutung ist wahre Poesie durch ihre Grenzen bestimmt. Die formal gesetzte Grenze ist die Option auf wahren Ausdruck - und der begrenzteste Ausdruck ist gleichermaßen der tiefste. Auch das Werk eines Italo Calvino, das uns sehr lyrisch erscheinen mag, ist streng mathematisch strukturiert. Diese beiden Schriftseller vereint der Gedanke der extremen Konzeptualisierung ihres Werkes. Perec sah die größte Herausforderung in der Literatur und in der Sprache in der Darstellung des Vergehens der Zeit, also in der Frage, wie man dieses Vergehen von Zeit sprachlich darstellen, nachvollziehbar machen kann. Und davon handelt mehr oder weniger auch sein Meisterwerk, das Epos „La Vie mode d'emploi“.

Es ist dies ein Buch mit 99 Kapiteln, ebenfalls auf einem strengen Plan angelegt, mit einer extrem komplexen Struktur. Die Hauptperson in dem Buch ist ein reicher Mann namens Bartlebooth, der im Alter von fünfundzwanzig Jahren beschließt, sein Leben einem Konzept zu unterwerfen. Das heißt, er vollzieht den Rest seines Lebens, den er bis zu seinem anzunehmenden Tod auf eine Dauer von noch fünfzig Jahren schätzt, nach einem strengen Plan. Die ersten zehn Jahre dieses Lebensprojektes will Bartlebooth darauf verwenden, die Kunst des Aquarellmalens zu erlernen. Danach will er zwanzig Jahre um die Welt reisen, um an fünfhundert verschiedenen Orten fünfhundert Hafenszenen in Aquarell zu malen. Diese Bilder lässt er dann nach Paris bringen, wo ein Puzzlemacher diese auf eine feste Unterlage aufbringen und jeweils in 500-Teile-Puzzles zerlegen wird. Und nach seiner Rückkehr nach Paris wird Bartlebooth die letzten zwanzig Jahre seines Lebens damit verbringen, die Puzzles wieder zusammenzusetzen, jeweils in Erinnerung an seine Reisen um die Welt. Und sobald eines der Puzzles fertiggestellt ist, bringt sein Diener das wiederhergestellte Bild zurück an seinen Ursprungsort, wo er es dann in das Wasser des Hafenbeckens taucht und das Aquarell damit auslöscht.

Das Ganze ist ein quasi solipsistisches Projekt, das darauf angelegt ist, bei Null zu enden. Die Geschichte selbst endet dann aber nicht bei Null, denn Bartlebooth kann bis zu seinem Tod nur dreihundertneununddreißig seiner Puzzles fertigstellen - sein großes Lebensprojekt scheitert also. Die Grundidee aber lautet: Du kannst fünfzig Jahre Deines Lebens einem absolut strengen Konzept opfern und doch ist es möglich, dass von all diesem nichts übrig bleibt - eben weil es aufgrund äußerer Umstände dazu kommen kann, dass von all Deinen Anstrengungen, Deiner Arbeit, Deinem Zeitvertreib nichts bleiben soll. Es ist eine globale Reise epischen Ausmaßes, obwohl die Handlung selbst im Alltag angesiedelt ist.

So ausführlich, wie Du die Einflüsse aus den literarischen Werken von Calvino oder Perec geschildert hast, kommt man auf den Gedanken, dass der Begriff der „Narration" und auch die Art der Erzählung wesentlichen Einfluss auf Eure Arbeiten und die Art des Entwerfens bei 6a architects haben.

Natürlich spielen George Perec und sein Werk eine große Rolle für meine Erfahrung von Konzeptionalität und Komplexität. Ungefähr zur selben Zeit, in der ich an der Arbeit über Perec schrieb, lernte ich auch Richard Wentworth (*1947) kennen, einen britischen Künstler und Kurator, den ich für seine spezifische und eigene Sichtweise auf die Dinge des Alltags sehr schätze: er hat einen Blick für all die kleinen Elemente, die uns im Alltag umgeben und die eben nur durch einen speziellen Blick sichtbar werden, zum Beispiel die Satellitenschüssel mit dem Backsteinmuster vor einer Backsteinwand. Auch wenn diese beiden Künstler - Wentworth und

Perec – natürlich spezifisch anders arbeiten, so zeigt sich in ihren Arbeiten in Fragmenten doch eine Auffassung dessen, was die Welt ausmacht, wie wir leben, wie wir unseren Alltag organisieren, wie wir Erfolg haben oder scheitern. Mit anderen Worten: ihr Werk – alle Übertreibung bei Perec und alle Besonderheit bei Wentworth – eröffnet uns eine gewisse Klarheit in unserem Blick auf uns selbst.

Als einen weiteren Einfluss auf Dein Werk hast Du einmal Jacques Tati genannt oder auch die Comic-Zeichnungen von Sempé. Was bedeutet es aber für Dich, Comics als Einfluss auf Eure Arbeiten zu nennen?

Ich würde den Begriff des slapsticks als Einfluss auf unsere Arbeiten bevorzugen. In diesem Sinne könnte ich auch Buster Keaton anführen in der spezifischen Art und Weise, wie er Raum nutzt. Gar nicht in formalem Bezug auf Architektur, sondern eher wenn diese den Hintergrund bildet. Mir fällt dazu eine Szene ein, in der Buster versucht seine Freundin zu sehen, und so stehen drei Männer übereinander, jeder auf den Schultern des anderen, und sie rennen auf ein Gebäude zu, damit der Oberste dann in ein offenes Fenster springen kann ... Die Größe des Menschen im Verhältnis zur Größe der Dinge seiner Umwelt – das ist Architektur.

Wenn Du an Slapstick interessiert bist, dann bedeutet das aber nicht, dass die Leute über Deine Architektur lachen sollen, oder?

Ich mag Slapstick einfach. Und ich denke umgekehrt, dass es ziemlich schwierig ist, über Architektur zu lachen. Architektur selbst ist ja nicht inhärent lustig. Es gehört nicht zum Wesen der Architektur, lustig zu sein. Wenn aber nun jemand bestimmte Situationen, bestimmte Umstände unserer Werke amüsant fände, ich meine auf eine wohlmeinende Weise, nicht in einem beschämenden, lächerlichen Sinn, dann wäre ich wohl eher erfreut. Das ist zwar nicht das Ziel unserer Arbeit, aber ich würde das wohl eher als ein Kompliment auffassen.

Mich interessiert ja grundlegend die Frage, inwieweit Architektur ein Teil einer sozialen Situation ist, bzw. wie Architektur diese selbst mitgestalten kann. Daher sind wir in unserer Arbeit auch nicht an einem formalen Konzept interessiert, welches das Projekt quasi überwölbt – uns interessiert eher etwas, das ich ein zeitbasiertes Konzept nennen möchte: eine Narration, die Dinge aufdeckt, und die zudem erlaubt, andere Dinge, die vielleicht noch nicht aufgedeckt sind, darin zu ergänzen. In Summe wollen wir also mit einem Entwurf die Dinge eher zueinander bringen und nicht durch unseren Entwurf vorbestimmen.

Wie entsteht ein typisches 6a-Werk? Ist es eine Art Suche oder Forschung, in der jede neue Entdeckung den Charakter des Werkes ändert?

Zu Beginn unserer Arbeit versuchen wir auf Grundlage des Programms, der Bauherrschaft, der Aufgabenstellung eine Struktur zu finden, oder sagen wir ein Konzept, einen Rahmen zu einem Werk, vielleicht kann man es eine „Umrisslinie" nennen, die im Laufe des Projektes ausgefüllt wird. Das ist so eine Art Vorskizze für das Projekt - organisatorisch, strukturell. Diese Skizze muss dennoch schon ein zuverlässiger Rahmen für unser weiteres Arbeiten sein, innerhalb dessen dennoch genug Raum ist, der darauf wartet gefüllt zu werden und der damit dann das ausmacht, was Architektur ist: die Geschichten und Erzählungen, die von außen in das Projekt hineinkommen und die andere Seite der Architektur bilden. Die genannte Skizze ist so etwas wie ein idealisiertes Projekt. Aber ganz bewusst ist es auf seine Art auch ein unmögliches Projekt - zu roh, zu pur, um umgesetzt zu werden.

Kann man also sagen, dass ihr zu Beginn eines jeden Projektes noch keine feste Vorstellung vom endgültigen Werk habt?

Wer jemals irgendetwas mit der Architektur zu tun hatte, der weiß, dass im Laufe eines Projektes so viele Kollisionen, Explosionen, Schwierigkeiten innerhalb des Projektes auf Dich warten, von außen einwirkend durch Regularien, Planungsrecht, Nachbarschaftsrecht, durch unsere Pflicht zur Kosteneinhaltung, oder aber auch dadurch, dass die Bauherrschaft ihre Meinung zu ihrem Vorhaben grundlegend ändert, was auch immer. All das lässt ein so genanntes „ideales" Projekt komplett unmöglich erscheinen. Dagegen begrüßen wir in unserer Art des Entwerfens all diese Probleme. Wenn also die Ausschreibung zu Tage bringt, dass unser Projekt zu hoch ist und wir es abschneiden müssen - dann schneiden wir es eben ab, kein Problem!

Aber es kann doch nicht sein, dass Du das Projekt in seiner Form von der Ausschreibung bestimmen lässt.

Natürlich müssen unsere Entscheidungen als Architekten das Projekt in seiner Form bestimmen. Aber die Herausforderung sehen wir vor allem in Bezug auf die genannten Grenzen. Wir wollen nicht zum Bauherrn kommen und sagen: Das hier ist unser Projekt, und es kann nur in dieser hier vorliegenden, von uns bestimmten Form umgesetzt werden. Unsere Art ist es vielmehr zu sagen: Hier ist unser Projekt, und je mehr wir daran arbeiten, umso eigenständiger wird es werden – was tatsächlich oft außerhalb unserer eigenen Vorstellung liegt und noch jenseits unserer eigenen formalen Ausdrucksmöglichkeiten. Man könnte also sagen, dass wir versuchen, die Zwänge zu „kuratieren"; manche von diesen wollen wir nicht und dennoch können wir sie nicht draußen halten, andere dagegen sind interessant für unseren Prozess des Entwerfens.

Ihr führt also in Euren Entwürfen einen Dialog zwischen dem Objekt, der Aufgabe und den äußeren Umständen, den Bedingtheiten, die Ihr vor Ort findet. Wie aber entstehen dann die „freien Formen" beim so genannten „Ballroom" in The Romney's House (1789-2012) in London? Wird in den gekurvten Linien der Wände nicht auch der Wille des Autors zu einer bewusst autonomen Form im Entwurf sichtbar?

Die geschwungenen Wände im „Ballroom" des Romney's folgen ganz ähnlichen Entwurfsprinzipien wie unsere anderen Projekte auch. Der Maßstab und die Proportionen des bestehenden „Ballsaals" waren beeindruckend und außergewöhnlich, aber leider war er für das alltägliche Leben einer Familie nur wenig tauglich – zumal wenn man bedenkt, dass es noch andere sehr große Räume in diesem Haus gibt. Die Bauherren brauchten also mehrere kleinere Privaträume oder Schlafzimmer. Und daher ging es im Entwurf darum, den ehemaligen Ballsaal in drei einzelne Räume zu gliedern – und rechtwinklig zueinander stehende Wände würden der Idee eines einzigen großzügigen Festsaals an dieser Stelle widersprechen. Nachdem wir hier aber die geschwungenen Wände eingeführt haben, hatten wir einen ganz anderen Eindruck im Prozess der Formfindung: die neue Form erinnert eher an einen Vorhang oder sogar an die Bewegung in einem Tanz selbst, also an etwas, was zu dem ehemaligen Ballsaal schlicht formal „passt". Das Fenster im oberen Teil der Wand erlaubt zudem den Blick durch die Wand hindurch, sodass man auch die Kapitelle der klassischen Säulen dahinter sehen kann, welche die ehemaligen Wände verstärkt haben. Der ursprüngliche Raum als Ganzes ist visuell also immer noch vorhanden und nachvollziehbar. In diesem Sinne formuliert die

geschwungene Wand die Idee des Ballsaales nach, auch wenn nun ein ganz anderes Programm hier Platz gefunden hat.

Im Vergleich Deiner Ausführungen zu den mir präsenten Bildern des "Ballroom" würde ich jetzt widersprechen wollen, dass Ihr im Entwurf „nur" den Gegebenheiten des Ortes und den Problemstellungen der Aufgabe folgt. Bei allem Kokettieren mit formaler Zurückhaltung arbeitet Ihr hier sehr wohl an der besonderen Form.

Bezogen auf die Formgebung will und kann ich den „Willen des Autors" natürlich nicht leugnen. Aber ich sehe diesen Aspekt hier nicht stärker repräsentiert als in Raven Row oder in anderen unserer Projekte.

Diese Auffassung des Entwerfens ist natürlich auch grundlegend mit der Tatsache verknüpft, dass unsere Auseinandersetzung mit der Architektur in London begonnen hat, in einer Stadt also, wo kein Projekt jemals ein wirklich neues Projekt sein kann, wo jedes Grundstück schon x-mal genutzt wurde - Du bist nicht der Erste, der hier baut, und Du wirst definitiv auch nicht der Letzte sein! Wenn ein Projekt also nur „pur" wäre, hätten wir die Befürchtung, dass es damit auch zu schwach sein könnte gegen Einflüsse von außen - und in dem Moment, wo Du dem Projekt kurz den Rücken zuwendest, kommt jemand und schlägt es Dir kaputt.

Deiner Meinung nach ist Entwerfen also eine Art Arbeiten im Kontinuum gesellschaftlicher Äußerungen; und damit kommt ein Projekt niemals zu einem Abschluss, da die Gesellschaft, die es hervorbringt, sich selbst in ständigem Wandel befindet. Ist das auch einer der Gründe für Eure offene Art in der Zusammenarbeit mit Künstlern, die zu einer Ausstellung in die von Euch gestalteten Galerieräume kommen und dort nicht nur ihre Werke ausstellen, sondern mit den Räumen selbst arbeiten, an diesen weiter arbeiten, sie unmittelbar wieder verändern.

Das ist tatsächlich repräsentativ für unsere Arbeitsweise: Die Farbe an den Wänden ist noch nicht trocken und das Projekt hat sich schon verändert! Und ich betrachte das nicht als ein Scheitern.

Hoffentlich hattest Du vorher wenigstens die Möglichkeit, ein Photo der fertigen Räume zu machen …

Es ist genauso, wie Du sagst: Oft aber muss ich das Photo dann selbst machen, denn die Zeit reicht nicht, um einen Photographen zu beauftragen. Viele der Photos von unseren Projekten habe ich tatsächlich selbst gemacht.

Und Ihr seid nicht daran interessiert, Eure Werke von professionellen Photographen ablichten zu lassen?

Wichtig ist, *dass* die Bilder gemacht werden - und dass ich sie *heute* mache, denn morgen kann der Raum schon ein anderer sein. Was mich wirklich interessiert, das ist die Art und Weise, wie sich die Dinge verändern - und aufgrund der Tatsache, dass sich die Dinge verändern, muss ein Werk in sich robust genug sein. Nur dadurch behält es seine eigene Identität, auch wenn es andauernd untergraben zu werden droht. An der architektonischen Aufgabe zeitgenössischer Kunstgalerien schätze ich die Tatsache, dass Künstler als Nutzer im Allgemeinen ziemlich widerspenstig sind - es liegt in ihrem Wesen, sich entgegen der allgemeinen Erwartung zu verhalten. Ich mag die Tatsache, dass sie das, was Du da entworfen hast, gar nicht nutzen wollen im Sinne eines Ausstellungsraumes - und darum beschließen sie eben, ihr Werk unter den Treppenlauf zu stellen. Und plötzlich musst Du die ganze Konzeption Deines Projektes neu fassen.

Als wir zum Beispiel die South London Gallery gemacht haben, bereitete die Künstlerin Ayse Erkmen gerade ihre Ausstellung vor, und um sich ein eigenes Bild der Räume zu machen, kam sie vorab zur Baustelle - dort schrieb sie auf den Helm eines Bauarbeiters: „The source of art is in the life of the people.“ - "Die Quelle der Kunst liegt im Leben der Menschen." Und plötzlich wollten tatsächlich alle Bauarbeiter dieses Motto auf ihrem Helm stehen haben. Natürlich hatten wir nicht geplant, so etwas wie ein Logo für diese Baustelle zu entwickeln, aber mit diesem Spruch der Künstlerin hatten wir plötzlich eines - und unserer Meinung nach bereichert dies sowohl unsere Arbeitsweise wie auch das Ergebnis.

Und kann Eurer Auffassung nach ein architektonisches Werk jemals zum Abschluss kommen?

Man könnte eben argumentieren, dass es grundsätzlich unmöglich ist, ein Werk abzuschließen, weil es irgendjemand immer fortsetzen wird ...

... schon aufgrund der Tatsache, dass man die Räume bewohnt, also im Sinne der unumgänglichen Veränderung eines Innenraumes durch den Gebrauch ...

...und umgekehrt wäre es konzeptionell ebenso nachvollziehbar zu sagen, dass ein Werk zu seinem Abschluss kommt in dem Moment, in dem der Künstler sagt: Das ist es!

Und jenseits dieser Festlegung würde es dann etwas anderes sein: ein anderer Charakter, eine veränderte Erscheinung ...

Ich mag die Idee, dass wir ein Teil der Zeit und ihrer unumgänglichen Veränderlichkeit sind. Wir leben im Irgendwann zwischen Jetzt und Dann.

Das ist im Grunde sehr befreiend. Und es ist natürlich weit entfernt von dem, wie andere Architekten ihre Arbeit einordnen. Nehmen wir zum Beispiel Valerio Olgiati, dessen Architektur ich wirklich bewundere und schätze, schon weil sie so ungefähr das absolute Gegenteil zu unserer Auffassung verkörpert. Das heißt, ich schätze seine Architektur von einem abstrakten Standpunkt aus. Ich liebe sie vielleicht so, wie ich den größten Diamanten der Welt lieben würde. Ich kann seine Architektur bewundern, ich kann ihre fast unwirkliche Perfektion bewundern. Und doch gehört sie nicht der Welt an, in der ich lebe. Ich würde es toll finden, durch eine Welt zu gehen voller solcher Objekte, aber es wird nicht dazu kommen. Meine eigene Welt ist schlicht unordentlicher. Ich glaube, dass für Olgiati ein Werk so ausgeführt sein muss, wie er es erdacht hat. Für mich dagegen hat ein Projekt keine ideale Form. Es hat nur eine Bedingtheit, es existiert zu einem gegebenen Zeitpunkt - aber sicherlich nicht für die Ewigkeit.

Damit hat die Konzeption eines architektonischen „Ideals" keine Bedeutung für Dich? Ich meine das im Sinne einer Differenz zwischen dem Ideellen und dem alltäglichen Seienden, demzufolge sich ein Werk aus Gegebenheiten seines Umfeldes speisen kann. Das alltägliche Seiende kann aber nicht ideal sein.

In dieser Unterscheidung bin ich sicherlich mehr auf Seiten des „Seienden" eines Objektes - und sogar mehr noch auf Seiten des Veränderlichen, des Vergänglichen, ja sogar mehr beim Fehlerhaften als beim Idealen. Für mich ist es interessant, wenn man Jahr für Jahr an etwas arbeitet, und dann kommt etwas ganz anderes dabei heraus. Damit meine ich nicht, dass uns etwas in der Ausführung aus dem Ruder läuft - natürlich sieht es am Ende so aus, wie wir es beabsichtigt haben, aber es wird anders genutzt. Das betrifft zum Beispiel die Künstler in den Ausstellungsräumen, aber es kann auch in einem Wohnungsbau passieren, in einem Schulhaus, wo auch immer. Ich strebe nicht danach, gemäß einem architektonischen Programm zu leben.

Ich glaube nicht an etwas, das man möglicherweise als ein „Ideal“ beschreiben kann in der Art, dass das Resultat nicht mehr verändert werden darf. Vielleicht liegt es an meiner Ausbildung an der Cambridge University, dass wir eher versuchen, die unsichtbaren Phänomene aufzunehmen und zu respektieren als die sichtbaren. Erinnerung als ein unsichtbares Phänomen ist daher enorm wichtig für unsere Arbeit: wir sehen Stadt als einen Organismus, dessen Wesen bestimmt ist durch Wandel. Und das wird sich definitiv niemals ändern.

Gibt es nicht einen Unterschied in Eurer architektonischen Reaktion bezogen auf die unterschiedlichen Aufgaben? Die meisten Eurer Projekte haben ja eine unmittelbare Verbindung zur örtlichen Geschichte, wie zum Beispiel das Contemporary Art Exhibition Centre (1754-2009) in Raven Row, London - ein Bestandsgebäude, das während der vergangenen Jahrhunderte schon mehrmals umgebaut worden war, und dem Ihr mit Eurer Intervention eine weitere Haltung beigefügt habt. Aber daneben nehmt Ihr auch erfolgreich an Wettbewerben für Neubauten teil, wie zum Beispiel für das Churchill College Dormitory (2009-2016) in Cambridge, das mehr oder weniger auf der grünen Wiese entstehen wird. Wie habt Ihr hier auf die Umgebung reagiert?

Auch wenn es ein Neubau ist, so ist das Konzept für das Churchill College Dormitory dennoch vergleichbar mit dem, wie ich unsere Arbeitsweise zur Geschichte und zu den Geschichten des Umfeldes einer jeden Bauaufgabe erklärt habe. Das Dormitory wird zwar auf der grünen Wiese liegen, aber gleichermaßen am Rande eines Colleges, und dieses bestehende College hat bestimmte Traditionen und bringt auch bestimmte Gewohnheiten mit sich. „Tradition“ klingt ja immer so unglaublich konservativ, wenn wir also „Gewohnheiten" sagen, klingt das für mich menschlicher. Das College wurde in den sechziger Jahren des zwanzigsten Jahrhunderts auf einem so genannten „kollegialen System“ aufgebaut, während die älteren Colleges eher einem „ekklesiastischen System“ folgen. Tradition und Bautypologie verbinden sich hier jeweils miteinander, Das heißt, die Art der Lehre wird sichtbar in den architektonischen Organisationen der Colleges von Oxford und Cambridge, was man die „Idee der Treppenhäuser“ nennen kann.

Es ist eine Art struktureller Teilung zwischen der Ganzheit des Colleges und dem Einzelnen, und in den einzelnen Treppenhäusern finden unterschiedliche Fakultäten zueinander, also zum Beispiel Biologen zusammen mit Philosophen und Architekten. Das hält die intellektuelle Suche lebendig. Das Treppenhaus ist damit ein wesentlicher Teil nicht nur in der Funktion des Hauses, sondern im pädagogischen Programm der Schule.

In unserem Projekt suchen wir daher nach einem ernsthaften und programmatischen Umgang mit den Treppenhäusern und den Korridoren. Das Dormitory ist so entworfen, dass die Korridore hier als die wichtigsten Räume hervortreten. Der Korridor ist der Ort, wo man sich trifft. Das zufällige Treffen ist Programm. Darum sind die Ecken besonders ausformuliert, denn hier stoßen die Leute aufeinander und werden vermutlich viel Zeit miteinander verbringen. Die Korridore werden nicht von parallelen Wänden gebildet - die Wände sind gekrümmt; in der Mitte ist der Korridor jeweils ziemlich schmal, die Fenster sitzen tief auf Sitzhöhe, wenn Du also jemanden triffst, kannst Du Dich mit ihm im Korridor hinsetzen und auf der Fensterbank sitzend weiter reden, während Du in den Garten blickst und Dich über Deine PhD-Thesis unterhältst.

Auch wenn andere unserer Projekte einen expliziteren Bezug zur Geschichte des Ortes haben mögen, wie z.B. Raven Row, so hat unser Dormitory dennoch eine implizite Verbindung zu der Tradition von Collegegebäuden - ich würde dies als seinen grundlegenden Gedächtnisspeicher bezeichnen. Selbst als Neubau hat es eine Geschichte: seine räumliche Anlage ist so spezifisch dormitory-gemäß, so dass ich es als eine neue Ebene auf dem bestehenden Grund lesen würde - und dieser bestehende Grund ist die Tradition. Selbst wenn es in der Fassadengestaltung und in der Art, wie wir mit dem Material umgehen, natürlich nicht genauso aussieht wie die Nachbargebäude, so ist es dennoch ein grundlegendes Artefakt an eben dieser Stelle, an eben dieser Universität, in eben dieser Lehrkultur. Es ist nicht *ein mögliches* Dormitory hier, es ist *das eine.*

Der Entwurf erscheint einerseits in seiner Struktur wie ein Kloster, er bezieht sich also auf einen Typus, der auch an anderer Stelle funktionieren würde, andererseits ist er an den Ort fixiert durch seinen unmittelbaren Bezug zu der Typologie des Churchill Colleges, so dass das Dormitory anderswo so eben nicht aussehen könnte.

Wir Architekten diskutieren ja gerne darüber, ob Gebäude transloziert oder versetzt werden könnten. Folgendes dazu: Ich habe große Freude daran, Elemente aus einem Entwurf in einen anderen quasi einzupflanzen, wenn sie mir von sich selbst aus produktiv vor Ort erscheinen.

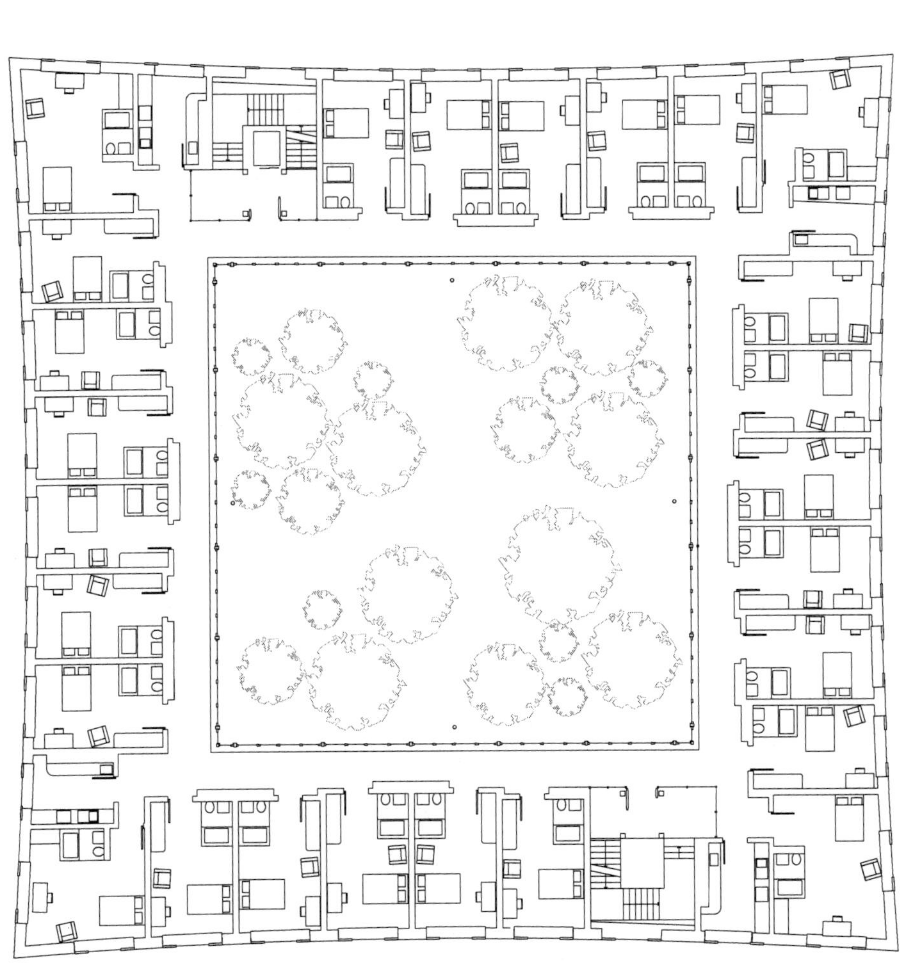

Immer gab es translozierbare Elemente in der Architektur, im Grunde basiert darauf ihre ganze Geschichte. In England war das achtzehnte Jahrhundert dem Palladianismus gewidmet, was natürlich als Anspruch scheitern musste, aber es entwickelte sich daraus etwas Anderes, etwas Neues, das immer noch wundervoll aussieht, und wir lieben es, in dieser Art von translozierter Architektur zu leben. Heute nun erscheint diese nicht mehr transloziert, sondern charakteristisch und typisch für England.

Am Beispiel des Dormitory können wir auch auf Euren speziellen Umgang mit Material zu sprechen kommen. Ist die Frage nach der besonderen Materialität einer der signifikanten Aspekte aller 6a-Projekte, sozusagen Eure spezifische Sprache?

Das Churchill Collage Dormitory bauen wir aus Beton und Holz - Beton für die Treppenhäuser aufgrund des Brandschutzes, der Rest aus Holz. Das hat weniger mit meinem Interesse für das Handwerk zu tun als mit unserem Interesse für die Materialität selbst.

Einer der Schlüsselbegriffe unserer Arbeit ist tatsächlich die Frage nach dem Material: wie können wir unterschiedliche Materialien miteinander kombinieren, und wie verändert sich ein Material in seiner entworfenen Nachbarschaft? Unsere Absicht gleicht einem Spiel von Nachahmung zwischen bestehender Architektur, der Konstruktion und der Form. Anfangs hatten wir also die Idee der formalen Analogie zu den Nachbargebäuden, die aus Beton und Backstein sind. Aber in dem Moment, in dem du aktiv mit Sichtbeton umgehst, merkst Du plötzlich, dass dieses Material Beton dem Holzbau ziemlich ähnlich ist. Was auf den ersten Blick also diametral gegensätzlich erscheint, ist tatsächlich sehr vergleichbar in Textur, in Maßstäblichkeit, im Verhalten allgemein - und das rührt natürlich daher, dass Sichtbeton in seiner ursprünglichen und immer noch gebräuchlichen Form aus der Holzschalung hervorgeht. Die Schalung machen Zimmerleute, daher besitzt Beton irgendwie einen Rest von Erinnerung oder von Reminiszenz an den ursprünglichen Holzbau. Und wenn unsere Überlegungen auch quasi als Gegenpol zu den bestehenden Betonbauten begonnen haben, so näherte sich das Material in der Erscheinung doch einander an und unsere Auseinandersetzung war dann geprägt von einer Überlagerung aus Differenz und Ähnlichkeit.

Dieses angedeutete Spiel mit Ähnlichkeit erkenne ich in einem Photo wieder, das mir sehr viel bedeutet: es zeigt eine Säule eines Japanischen Tempels. Die Säule selbst ist aus Holz, wurde aber an einer Stelle mit einem

Stück Stein repariert. Die Verbindung aber zwischen Holz und Stein ist eine typische Zimmermannsverbindung. Das Steinelement hat also genau die Form bekommen, die auch ein Holzstück hier hätte.

Das Material der Abwandlung hat hier also den Regeln des Ursprungsmaterials zu folgen. Stein verhält sich wie Holz. Damit erzählt das Bild auch von einer Hierarchie – Holz ist das bestimmende Material des Tempels, und diesem muss der Stein folgen. Das Holz bestimmt die Regeln, in denen der Stein bearbeitet wird.

Für mich ist dies vielleicht eines der schönsten Details überhaupt. Es ist bestimmt sowohl von Erfindungsreichtum als auch von Pragmatismus und Sorgfalt. In der deutschen Sprache gibt es ja dieses wunderbare Wort „Pflege", das ich sehr schätze und das ich in diesem Detail wiedererkenne. Und dieses Wort beschreibt ziemlich genau unseren eigenen Standpunkt: wir sollten die Dinge „pflegen", an denen wir arbeiten, und gleichzeitig versuchen wir diese Dinge zu kultivieren – ohne dass dabei etwas komplett Neues entstehen müsste.

Gegensätze sind für uns weit weniger interessant als Doppeldeutigkeiten oder Verwirrspiele, insbesondere in Bezug auf die zu erwartende Wahrnehmung eines Gebäudes. In unseren Materialuntersuchungen für das Dormitory machten wir die ersten Versuche mit Eichenholz, das im Sonnenlicht grau wird, fast schwarzgrau, was einer Betonoberfläche recht nahekommt – und als ich das gesehen habe, wusste ich, wir sind am Ziel: ein Holzbau, der aussieht wie ein Betonbau oder ein Betonbau, der aussieht wie ein Holzbau.

Um nochmals auf die Säule zu sprechen zu kommen: es ist eine steinerne Zimmermannsverbindung, das ist für uns entscheidend. Der unumgänglichen Tatsache, dass das Wasser vom Boden aufsteigt und die Holzsäule mürbe macht, können wir so mit einem Augenzwinkern begegnen. Ich denke, das ist eine Art von Detail, das man kaum entwerfen kann. Und auch das mag ich: man kann nicht sagen, ob es entworfen ist oder nur repariert ist oder was auch immer ...

Hat das Material also eine spezielle Aufgabe in Euren Projekten zu erfüllen? Geht es um die Option einer spezifischen Wahrnehmung, geht es um technische Hintergründe? Oder zielt Ihr auf eine typische 6a-Sprache im Sinne einer Handschrift, die Eure Werke in der Materialisierung kohärent miteinander verbindet und so etwas wie Eure Autorschaft darstellt?

Vielleicht ist es eher ein technischer Pragmatismus, der uns in der Auswahl der Materialien leitet. Und natürlich gehen Form und Material immer Hand in Hand. Zudem arbeiten wir gewöhnlich viel mit Modellen, auch im Maßstab 1:1. In einer ersten Annäherung machen wir solche Modelle zunächst aus Holz, ganz einfach weil es sich am einfachsten als Modell ausarbeiten lässt. Und parallel zu diesem Prozess der Formfindung suchen wir dann das „richtige" Material für diese Form. Mal ist es Stahl, mal Eisenguss, mal bleibt es Holz. Dies hängt wiederum von verschiedenen Umständen ab, die aber von Projekt zu Projekt variieren - unser Entwurf bleibt also immer eine Antwort auf den Bestand.

Um nochmals auf den Gegensatz zwischen dem Ideal und dem Alltäglichen zu kommen: ein typisches 6a-Werk erscheint nicht idealistisch in dem Sinne, dass Eure Entwürfe die einzig denkbare Lösung zu einer gegebenen Aufgabe darstellen, also nicht gemäß einer platonischen Uridee.

Eure Entwürfe scheinen demgegenüber mehr dem Begriff der „poiesis" nach Aristoteles zu entsprechen, was ein Hervorbringen gemäß einer der sogenannten „vier Ursachen" beinhaltet: gemäß dem Material, gemäß dem Gebrauch, gemäß der Form oder gemäß demjenigen, der eine Form hervorbringt - und der damit die anderen Ursachen zusammenwirken lässt.[3] *Deine eigene Darstellung lässt Eure Arbeitsweise als eine Art Diskussion zwischen diesen unterschiedlichen Sichtweisen erscheinen, also als eine Handlung oder eine Gegenhandlung an den Umständen eines Projektes.*

Unsere Entwurfshaltung könnte man im platonischen Sinne sicher nicht als „ideell" bezeichnen. Dennoch arbeiten wir an einer grundlegenden Frage der Architektur: Wie finden verschiedene Elemente schlüssig zueinander - in Bezug auf unterschiedliche Formen, unterschiedliche Materialien, unterschiedliche Bedürfnisse. In diesen Fragen arbeiten wir dauerhaft an der Befragung physischer Charakteristika. Und darin scheint natürlich auch wieder unser Thema der Imitation und der Mimesis auf, wie wir es mit dem John Soane's House im Sinne einer spielerischen Übung demonstriert haben. Ganz allgemein aber würde ich unsere Arbeit nicht als einen Komplex zum Thema der Imitation ansehen. Es geht mehr um die Frage des Erzählerischen im Werk, in die wir bewusst etwas wie einen Widerhall, ein Echo, einen Reim zum Bestehenden einbauen. Der Bestand, in dem wir arbeiten, hat immer eine gewisse Struktur, einen eigenen Charakter, und wir wollen diesem nie durch bloßen Kontrast begegnen. Wir haben kein Interesse am Thema des puren Gegensatzes - das fühlt sich an, als hätte man zu einer Party die falschen Klamotten angezogen.

Ist es also eine dauerhafte Neugier, ist es eine Art Forschung-vor-Ort, ist es der Wunsch des Wiederfindens von Dingen, die verloren gegangen sind?

Vielleicht ist Neugier als Begriff noch zu schwach: Ich würde es tatsächlich als eine Begierde beschreiben, so viel wie möglich vor Ort finden zu wollen. Ich bin interessiert an wirklich jeder einzelnen Geschichte, die ich zu einem bestehenden Haus in Erfahrung bringen kann - die wahren Geschichten, die erfundenen, jede Anekdote, wie trivial und alltäglich sie auch sein mag. Dieser sozusagen „informelle Bestand" interessiert mich. Vielleicht interessiert mich die Welt um das Projekt herum mehr als das Projekt selbst.

Dir geht es also nicht nur um die Auseinandersetzung mit dem Objekt selbst, sondern Du bist interessiert an allem, was dieses Objekt zudem umgibt, und damit an allem, was es be-dingt.

Deine einleitende Frage: „Was ist ein Ding?“ könnten wir in der Weise beantworten, dass das architektonische Ding einen sehr besonderen Charakter innerhalb der Architektur aufweist. Mich interessiert das Ding allerdings nur als Ausgangspunkt einer Gedankenkette, also im Zustand, in dem wir es vorfinden, um dann wiederum Architektur oder ein architektonisches Werk daraus zu machen. Um ein wenig zu übertreiben, könnten wir sagen: eine Ruine als Ding ist Architektur pur! Kein Programm, kein Benutzer, keine Technik - nur Konstruktion, was wiederum bedeutet: nur Architektur. Und das führt uns ja wieder zum Anfang unseres Gespräches zurück und zu Sir John Soane's Auslegung der Ruine als spezielle Form von Architektur: einem Ding sozusagen.

Was mich daran besonders interessiert, ist das Potential, das in diesem Ding Architektur liegt. Es beinhaltet für mich erneut das Thema des „redesign“: jemand nimmt es wieder in Gebrauch, um die Ruine wieder nutzbar zu machen, und zwar möglicherweise auf eine ganz andere Art, als es zuvor üblich oder möglich war. Das Wesen eines Dinges in der Architektur impliziert damit die Option, immer wieder anders benutzt zu werden, und nichts ganz eindeutig zu sein. Ein Ding in der Architektur heißt: darauf warten, wieder in Gebrauch zu sein.

In dieser Auffassung erscheint das architektonische Ding wie das Dornröschen aus dem Märchen: darauf wartend, entdeckt und wieder erweckt zu werden ...

... aber der wesentliche Unterschied zur „Sleeping Beauty" im Märchen liegt darin, dass das architektonische Ding eben nicht mehr dasselbe sein wird, als das es einst in Schlaf gefallen ist. Wenn es wieder erweckt wird und wieder in Gebrauch steht, wird es grundlegend anders sein. Der Prozess der natürlichen physischen Transformation nimmt das Artefakt ja sofort in Beschlag, sobald der Mensch sich eines Objektes nicht angemessen annimmt und es entsprechend „pflegt". Und das ist es ja gerade, was diese Orte der verlassenen Architekturen so einzigartig macht: sie verändern sich anders als unter den normalen Bedingungen, und sie verändern sich andauernd, in einer Art biologischer Transformation. Damit entsteht ein ganz anderer Ort als in seinem ursprünglichen Gebrauch.

In der Moderne, vor allem in der späten Moderne, gab es diese Idee des bewussten Kontrastes zwischen Neu und Alt, die in meinen Augen eine der schlimmsten Platituden der gesamten Architekturgeschichte darstellt. Und seltsamerweise hat heute diese dualistische Auffassung sogar Eingang in die Denkmalpflege genommen. Es gibt ja noch andere Attribute der Moderne, die in der Architektur ihren Ort gefunden haben: Der Kontrast von hell-dunkel, von leicht-schwer, von weich-hart. Buckminster Fuller, den ich eigentlich sehr schätze, fragte tatsächlich: Wie viel wiegt ein Haus? Als ob man damit die Qualität von Architektur herausfinden könnte! Das mag eine richtige und nachvollziehbare Frage in der Einschätzung eines Fahrrades oder eines Autos sein, weil deren Dynamik mit dem Gewicht unmittelbar zusammenhängt. Aber für ein Haus ...?

Woran würdest Du im Gegensatz zum Ding also den Begriff des architektonischen Werkes festmachen?

Ein Werk ist in jedem Falle mehr als das, was Du sehen kannst. In einem phänomenologischen Sinne würde ich sagen: ein Werk ist die umfassende Darstellung einer intendierten Bedeutung in ihrer Zeit. Ein Werk geht über die Grenzen des eigentlichen Sichtbaren hinaus – also auch über die Grenzen des Baufeldes –, es enthält alle Arten kulturellen Erbes, was natürlich auch ein Ballast sein kann. Das ist es, was ein Werk ausmacht.

Und für mich wird ein Werk umso stärker, je mehr Geschichten sich in diesem verbergen, und das beinhaltet sämtliche Umstände, also auch die klimatischen, bauphysikalischen und die statischen Bedingungen. Alles muss hier zueinander finden. Und zudem ist ein Werk differenziert skalierbar.

Der konzeptionelle Rahmen Eurer Entwürfe ist damit aufzufassen als eine – wenn man so sagen darf – gebaute Narration, eine architektonische Erzählung?

Dem stimme ich unumwunden zu. Und das ist vielleicht eine mögliche Brücke zurück zu George Perec und zu seinem 800-Seiten-Werk, das in einem einzigen Moment handelt – eben in der Zeit, die es braucht, um eine Treppenstufe zu nehmen – und in dem doch unendlich viele Geschichten miteinander verwoben sind. Und darin besteht für mich eine wichtige Analogie zur Architektur, denn ich bin der Meinung, dass alle Menschen, die in einem Gebäude leben oder arbeiten, ihr Leben, ihre eigenen Bedeutungen, ihre eigenen Geschichten dort mit einbringen. Das alles überlagert sich. Diese Tatsache wiederum nimmt mir den Druck der Erwartung, dass Architektur irgendwie vollkommen sein müsste – oder es überhaupt sein könnte. Architektur vervollständigt sich nur über die Zeit. Sie vervollständigt sich durch das Leben und die vielen Ereignisse, die in ihr stattfinden.

In meiner Auffassung ist Raven Row recht verwandt mit „La Vie mode d'emploi". Als wir an Raven Row arbeiteten, kam es uns vor, als hätten wir es mit Tausenden von unvollendeten Geschichten zu tun. Unsere Aufgabe war es sicherzustellen, dass dieses Haus auch weiterhin ein Rahmen all dieser Geschichten sein könnte – der vergangenen, der zukünftigen Geschichten und auch ein Rahmen für das Zusammenspiel zwischen diesen.

Ihr sucht in Eurem Entwurf also nach einem Umgang mit den Geschichten, die Ihr vor Ort findet und wollt, dass diese weitererzählt werden. Bevor allerdings die Geschichten von sich aus weitergeführt werden können, müsst ihr sie erst freilegen.

Genau, und darin sehen wir unsere Aufgabe. Zudem müssen wir sicherstellen, dass dieses Kompendium an Geschichten auch noch die nächsten Ereignisse aufnehmen kann, dass diese sich dort entfalten können. Die Architektur muss Dinge entstehen lassen können. Also bin ich in Summe natürlich daran interessiert, ein architektonisches Werk herzustellen – und nicht ein Zeug oder ein Ding. Aber ich will den Inhalt des Werkes nicht vor dem Betrachter oder dem Besucher offenlegen.

Ein Werk ist mehr als das, was objektiv vor uns liegt. Selbst das perfekteste Artefakt ist nicht einfach nur da - man erreicht es erst über verschiedene Schritte der Annäherung. Wenn Du in Vicenza die Villa Rotonda von Palladio besuchst, dann bist Du ja nicht plötzlich und übergangslos in der Villa. Nein, Du verbringst zuvor Stunden über Stunden in einem Mietwagen, in einer aufwendigen und notwendigen Fahrt dorthin, aber doch in einem ganz anderen räumlichen Verhältnis zum Objekt. Und erst nach dieser Erfahrung wirst Du durch den Garten der Villa flanieren, wirst die Räume der Villa besuchen, den Ausblick von dem Hügel in die Landschaft genießen. Mich interessiert dabei eben mehr als nur die Villa selbst.

Es ist dieser weiter gefasste Rahmen, der in meiner Auffassung ein Teil des gesamten Werkes ist. Natürlich interessiert mich auch die Rotonda als ein wundervolles Artefakt aus dem sechzehnten Jahrhundert, als ein ganz spezielles architektonisches Objekt - aber eben mehr noch die Frage, wie sie dort in der Welt liegt, und in welcher Welt sie überhaupt existiert. Auch mich begeistert ihre formale Perfektion, aber darin sehe ich nicht ihre Hauptbedeutung. Mehr als die formale Perfektion fasziniert mich die strukturelle Dichte eines Werkes.

Siehst Du also eine formale Analogie zwischen dem Leben und dem Artefakt? Demnach wäre ja auch das Artefakt einer ständigen Veränderung unterworfen. Und weil das Leben heute auch gar nicht mehr so geordnet ablaufen kann wie einst in der Villa Rotonda, nehmt Ihr als Architekten Euch eher das weniger geordnete, aber dafür strukturell Dichte als Vorbild - und das bietet Dir eine Stadt wie London wahrscheinlich im Überfluss.

Eine Schicht ist hier über der nächsten, Geschichte liegt über Geschichte, Grenze stößt an Grenze. Herkünfte, Ursprünge und Autorenschaften wechseln einander ab, verwischen sich gegenseitig, werden selbst unlesbar: dann gewinnt das Ganze in meinen Augen eine fast mythische Dimension. Diese strukturelle Dichte mag nur mehr für Experten ablesbar sein - eben wie auch die Struktur von Perecs „La Vie mode d'emploi".

Genauso interessant wie das Werk selbst sind für mich auch die möglichen Ablenkungsmanöver, die den Betrachter auf Anderes blicken lassen als das architektonische Objekt. Ich fühle mich da fast wie beim Poker und täusche Dinge vor, die vielleicht gar nicht so sind. Oder vergleichen wir es wieder mit der Literatur: Als Leser eines Buches interessiert Dich ja auch mehr die Geschichte als seine Struktur - und erst wenn beides gut ist, nimmt man das Ganze als Werk wahr. Genauso liegt unseren Arbeiten eine Reihe kleiner Gedanken, fixer Ideen, Erwiderungen, Spiegelungen zugrunde, mit denen wir viel Zeit verbringen, über die ich aber gewöhnlich kaum spreche - eben weil sie gar nicht im Mittelpunkt des Interesses eines Betrachters stehen sollen. In Raven Row zum Beispiel sind viele unserer Interventionen quasi unsichtbar. Als Architekten wollen wir weder rhetorisch sein noch didaktisch. Wir wollen in erster Linie gute Räume machen, in denen die Menschen sich wohl führen. Das ist es.

Vor allem interessieren mich die Grenzen eines Projektes. Viel von unserem architektonischen Erzähleifer entsteht aus tatsächlichen Begebenheiten und Begegnungen, in denen wir versucht haben, den physischen Bestand des Ortes zu verstehen und zu interpretieren. Unter jeder Form kommt ein zusammenhängendes Ganzes zum Vorschein, das verantwortlich dafür ist, wie die Dinge aussehen. Das ist es, was meine Neugier weckt. Darin liegt für mich die Herausforderung zur Formgebung.

Zürich, in Gesprächen im November 2014 und Januar 2015

Anmerkungen

1 Bruno LATOUR, *Ein vorsichtiger Prometheus, Einige Schritte hin zu einer Philosophie des Designs, unter besonderer Berücksichtigung von Peter Sloterdijk,* in: Sjoerd van Tuinen, Koenraad Hemelsoet, Marc Jongen (Hrsg.), *Die Vermessung des Ungeheuren, Philosophie nach Peter Sloterdijk,* Paderborn: Verlag Wilhelm Fink 2010, 357-374.

2 Georges PEREC, *La Vie mode d'emploi (1978),* dt.: *Das Leben Gebrauchsanleitung (1982),* Leipzig: Verlag Zweitausendeins, 2011.

3 Vgl. dazu: Martin HEIDEGGER, *Die Frage nach der Technik (1954),* in: Heidegger, *Die Technik und die Kehre,* Pfulligen: Verlag Günther Neske 1962.

Bildlegende und Copyrights

S.81 Sir John Soane's House, Picture Gallery, London, 1822, © SIR JOHN SOANE'S MUSEUM LONDON

S.83 Nachbau des Sir John Soane's House, Monk's Parlour und Picture Gallery, von Studenten des Studios Tom Emerson, in Zusammenarbeit mit Marcel Aubert, Innenansicht, ETH Zürich, 2012, © Boris GUSIC

S.85 Nachbau des Sir John Soane's House, Außenansicht, ETH Zürich, 2012, © Boris GUSIC

S.91 Richard Wentworth, Making Do & Getting By, Regent's Park, London, Early twenty-first century, © Richard WENTWORTH

S.95 The Romney's House, Innenansicht des „Ballroom", London, 1789-2012, © 6A ARCHITECTS

S.101 Cowan Court, Churchill College, Cambridge University, Grundriss des ersten Obergeschosses, Cambridge, 2009-2016, © 6A ARCHITECTS

S.103 Detail einer reparierten Säule in einem japanischen Tempel, © Fumitaka NISHIZAWA

Biographische Notiz

Tom Emerson (*1970) studierte Architektur an der University of Bath, dem Royal College of Art und an der University of Cambridge. 2001 gründete er gemeinsam mit Stephanie Macdonald das Büro 6a architects, London. Die Entwürfe und Bauten ihres Büros, darunter hauptsächlich Kulturbauten und Kunstgalerien, aber auch Wohnhäuser oder Ausstellungsgestaltungen, suchen ihren formalen Ausdruck im Austausch mit dem geschichtlichen Kontext des Ortes. Für ihre ausgeführten Bauten haben sie verschiedene Architekturpreise erhalten, darunter RIBA-Awards und fünf Nominierungen für den Mies van der Rohe Preis. 2012 erhielten 6a architects die Schelling Medaille der Sparte Architektur. Emerson lehrte Architektur an der Architectural Association, London, und der University of Cambridge, ehe er 2010 zum Professor für Architektur an der ETH Zürich berufen wurde.

Haus zwischen Erde und Welt
Zur Bestimmung der Architektur als Metier
Ein Gespräch mit Hans Kollhoff, Berlin

Die Frage, wie man *aus der Erde heraus* eine Form schöpfen kann, fesselt mich dauerhaft.

Hans Kollhoff

Tom Schoper: In seiner Schrift „Der Ursprung des Kunstwerkes" (1935/36) hat der Philosoph Martin Heidegger versucht, das Wesen des Kunstwerkes über die Abgrenzung von den Dingen des Alltags herauszustellen. In unserem Gespräch soll es nun zum einen um die Frage gehen, ob die von Heidegger angeführten Begriffe „Werk", „Ding" und „Zeug" auch auf die Architektur übertragbar sind und ob sie dort überhaupt eine Relevanz haben. Zum anderen geht es mir darum herauszufinden, welchen Stellenwert der Begriff des Werkes für Sie als planender und auch als publizierender Architekt hat, um damit einer möglichen Charakteristik des architektonischen Werkes in seinen unterschiedlichen Facetten nahezukommen.

Hans Kollhoff: Natürlich geht es mir um das Werk. Eigentlich geht es nur um das Werk. Ob das, was ich mit meinem Werk zu erreichen suche, identisch ist mit dem, was Heidegger dazu formuliert hat, kann ich selber nicht sagen; vielleicht ist das eine Frage, der wir uns hier im Rahmen des Gespräches annähern können. Für Heidegger ist ja das Werk mit dem Begriff des Künstlerischen verknüpft. Und auch für mich gehört das Künstlerische untrennbar zum Werk - es ist vielleicht sogar einer der wichtigsten Gründe, um Architektur zu machen.

Der Begriff des „Künstlerischen" stellt aktuell wohl einen der großen Streitpunkte im zeitgenössischen Selbstverständnis der Architektur dar. Zum einen gibt es da die Fraktion, die sagt, Architektur habe zu dienen - wir können diese den Vertretern des bloßen Bauens zurechnen, also dem „Zeug". Demgegenüber steht diejenige Fraktion, die das architektonische Werk als „Skulptur" auffasst und somit eine gewollte Brücke hin zum Künstlerischen als Analogon zum autonomen Kunstwerk schlägt. Zu dieser Auffassung neigen Sie nun aber auch nicht, denn Sie bezeichnen Hochhäuser, die einem anderen Schema folgen als der klassischen Gliederung in Sockel, Schaft und Kapitell, gerne als „abstrakte Stelen" oder als „aufgetürmte Pizzaschachteln"[1]. Worin liegt demnach für Sie das Künstlerische in der Architektur?

Es liegt in der Architektur selbst. Das Künstlerische in der Architektur ist nichts Selbständiges, genauso wenig wie es eine Zutat ist oder als ein Überbau dazu gegeben wird. Es gibt ja Kollegen, die beziehen bildende Künstler in den Werkprozess ein, und diese wählen dann die Farben aus für Wände - das ist mir sowohl als Vorgang wie auch als Konzept äußerst suspekt. Das Künstlerische muss sich in der architektonischen Arbeit selbst finden und dort Substanz gewinnen. Und darin liegt das große Potential der Architektur.

Mit dem Begriff des Künstlerischen in der Architektur ist man schnell bei seinen möglichen Synonymen, dem Ästhetischen oder der Schönheit. In seiner Schrift „Eupalinos oder der Architekt" (1923) beschreibt der französische Philosoph Paul Valéry die Architektur als „die vollkommenste aller Künste", eben weil nur sie in ihrem Hervorbringen die unterschiedlichen Bedingungen von Dauerhaftigkeit, Nützlichkeit und Schönheit miteinander in Übereinstimmung und „zu ihrer höchsten Entfaltung"[2] *zu bringen sucht. In gleicher Weise können wir Mies van der Rohe heranziehen, der das spätantike Augustinus-Zitat aufgegriffen hatte, wonach „das Schöne der Glanz des Wahren"*[3] *ist. Welche Relevanz hat der Begriff von Schönheit im architektonischen Werk für Sie?*

Schönheit steht ganz vorne in unserem architektonischen Arbeiten. Wir können es auch umkehren: Ich will doch keine hässlichen Gebäude errichten, sondern schöne Häuser. Bei den Projekten, die wir realisiert haben, und auch bei den Entwürfen, die wir nicht realisiert haben, geht es immer auch darum, etwas zu machen, das schön ist. Das gehört ja schon zu den Grundprinzipien nach Alberti, auf die Valéry in dem von Ihnen eingebrachten Zitat Bezug nimmt. Und diese Prinzipien haben für mich nach wie vor Gültigkeit, ich fühle mich diesen in gewisser Weise verpflichtet. Welches seiner Prinzipien nun an erster Stelle steht, ob die Schönheit, die Dauerhaftigkeit oder die Nutzbarkeit, sei mal dahingestellt.

Mit Alberti und der italienischen Renaissance beziehen Sie sich allerdings auf eine Zeit, in der das Schöne gesellschaftlich noch im Einklang stand mit dem Guten und dem Wahren.

Wenn wir nun noch weiter gehen und nach dem Wahrheitsbegriff in der Architektur fragen, dann eröffnet das natürlich einen deutlich erweiterten Diskurs. Sicherlich kann Wahrheit heute weder in dem Sinne zu verstehen sein, wie der Begriff in der Antike gebraucht wurde, noch wie man in den neunzehnhundertsiebziger Jahren von einer funktionalistischen Wahrheit oder von einer konstruktiven Wahrheit gesprochen hat. In dieser Zeit - übrigens die Zeit, in der ich studiert hatte - ist die Architektur ja als Ganzes auf den Hund gekommen, wenn ich das mal so formulieren darf; sowohl in der Beziehung, wie man sie besprochen hat, wie man darüber geschrieben hat und natürlich auch, wie man damals entworfen hatte. Mit anderen Worten: was man damals allgemein von der Architektur erwartet hat, das war schon sehr dürftig. Und diesen dünnen Zusammenhang hatte man dann aufgeladen mit so großen Begriffen wie der Wahrheit der Konstruktion, was bedeutete, die architektonischen Elemente sollten ihren konstruktiven Sachverhalt direkt zeigen - aber das hat mit Architektur selbst nichts zu tun. In der Architektur ging es doch immer auch um den „schönen Schein", also um eine eigene, andere Form von Wahrheit, die als Erscheinung nach außen dringt.

Und die Frage nach der Schönheit ist damit eben parallel zu der Frage nach Wahrheit zu stellen, denn eigentlich hat diese doch schlicht mit dem menschlichen Leben zu tun, mit der menschlichen Existenz. Was ist Wahrheit? Unser Leben auf dieser Erde ist endlich. Irgendwann - und zwar absehbar - ist das Leben für einen jeden für uns zu Ende. Das ist die Wahrheit. Vielleicht ist es nicht die einzige Wahrheit, aber es ist die zentrale Wahrheit für uns. Und die Schönheit ist seit jeher und auch in der Architektur ein Versuch, dieser elenden Wahrheit unserer Endlichkeit zu trotzen. Die Kunst ist der Strohhalm, mit dem Elend dieser Wahrheit umzugehen.

In demselben Kontext ist eben auch die Architektur verortet, nämlich in dem Ziel, die Wahrheit der Endlichkeit unserer Existenz erträglich zu machen, oder besser: *erträglicher* zu machen. Hier spielt dann natürlich der Begriff der Dauer oder der Dauerhaftigkeit mit hinein: ein Gebäude trägt in sich die Möglichkeit, unsere endliche Existenz zu transzendieren. Ich denke, bei Alberti ist das Begriffspaar von Schönheit und Dauerhaftigkeit in eben dieser Weise angelegt. Es geht hier nicht nur um diese bekannten drei Kategorien und ihr irgendwie geartetes Zusammenspiel, es geht um die Hoffnung, auf der Erde etwas hervorgebracht zu haben, das über den Tod hinaus Bestand hat. Und zwar nicht nur als einzelnes architektonisches Objekt, sondern als ein Beitrag zur Gesamtheit der Disziplin.

Wenn man das Metier der Architektur begreift als eine allmähliche Fortschreibung von Wissen, von Erfahrung, von Weitergabe von Erfahrung, dann kann der Architekt eben einen Beitrag zu dieser Ganzheit leisten - und dazu, dass diese Ganzheit auch weiterhin Gültigkeit besitzt. Das ist natürlich ein anachronistisches Konzept, denn der Architekt macht heute kaum mehr solche grundlegenden Erfahrungen, die sein Innerstes betreffen - heute besteht die Architektur aus einem Haufen von DIN-Vorschriften und aus Elementen einer industrialisierten Bauwirtschaft, die ihre Produkte auf den Markt und an den Mann bringen will. Aber all das hat ja mit Architektur nicht mehr im Geringsten zu tun.

Um nochmals auf den Umgang mit dem Begriff der Wahrheit in den zurückliegenden Generationen zurückzukommen, worin Sie gerade selbst die siebziger Jahre angesprochen hatten: In meiner Auffassung ist seinerzeit der Begriff der „Wahrheit" durch den der „Ehrlichkeit" und damit der „Richtigkeit" ersetzt worden, nach dem Motto: wenn man nur ehrlich agiert, agiert man auch richtig.

Das war seinerzeit sicherlich ein Aspekt der Argumentation. Aber auch diesen Begriff müssen wir uns genauer ansehen: „Ehrlichkeit" stammt als Begriff ja nicht aus der Architektur, sondern aus dem sozialen Miteinander des Menschen. Und was an dieser Stelle seine berechtigte Gültigkeit haben mag, muss für die Architektur ja nicht gleichermaßen gelten oder dort als Begriff überhaupt von Belang sein.

Der Begriff vom „schönen Schein" zeigt doch gerade, dass sich in der Architektur immer etwas jenseits des tatsächlich Ehrlichen abspielen kann, und zwar ohne negative Auswirkung auf das ästhetische Urteil. Ehrlichkeit ist ja auch nicht nur der physische Sachverhalt von Bekleidung oder roher Konstruktion. Wenn wir das nun in eine Analogie setzen zum Auftreten des Menschen auf Erden, dann ist ja auch der Mensch nicht nur dann ehrlich, wenn er nackt und unbekleidet durch diese Welt geht. Es mag doch genauso ein Akt der Ehrlichkeit sein, sich zu bekleiden, weil es kalt ist oder weil man sich in seiner physischen Gegebenheit nicht zur Schau stellen möchte.

Diese Komplexität im Verständnis von Architektur haben wir nun mittlerweile ein Stück weit wiedergewonnen, weil wir doch gemerkt haben, dass das Leben ohne diese Feinheiten in der Herstellung und ohne diese Tiefe in der Betrachtung eine allzu elende Angelegenheit wäre. So verstanden gehört das Künstlerische also per se zur Architektur. Das heißt, es ist eine Aufgabe der Architektur über das bloße Bauen hinaus, dem Künstlerischen Raum zu geben. Hin und wieder mag dieses dann auch im

Werk eine gewisse Symbolik gewinnen, so wie Heidegger das ja bei einem Werk als ein Charakteristikum bestimmt.

Wofür kann nun ein architektonisches Werk Symbol sein, was kann es symbolisieren?

Die Symbolik in der Architektur oder in einem einzelnen architektonischen Werk ist ja eine grundlegend ambivalente Sache. Denn mit Hilfe einer Symbolik könnte man ja auch eine fast losgelöste „Gestaltung" in der äußeren Erscheinung von Architektur machen.

Eine mögliche Form von Symbolik in der Architektur wäre zum Beispiel die - wie soll man sagen - willentliche „Verschleierung" von wirtschaftlich auf Profit ausgerichteten, großmaßstäblichen Projekten durch eine sichtbar vorgespiegelte städtebauliche Kleinteiligkeit. Ich bin mir dabei durchaus im Klaren, dass dieses Vorgehen in der architektonischen Qualität und auch im städtischen Auftritt seine Grenzen hat, aber man kann ja „Kleinteiligkeit" quasi symbolisch zum Ausdruck bringen wollen. Schließlich gibt es doch Situationen, die städtebaulich in einem bestimmten Kontext nur dann befriedigend zu bewältigen sind, wenn man eine große Baumasse in kleinere Elemente - also erkennbare Häuser - zerteilt. Das könnte man, wenn man es übertreibt, als eine „Camouflage" bezeichnen, aber wie meistens im Leben ist es selten eine Entscheidung zwischen schwarz oder weiß, sondern meistens liegt das Ergebnis irgendwo dazwischen, also in einer gewissen Ambivalenz, ohne dass ein fauler Kompromiss daraus entstehen muss. Mit der Rechtfertigung einer solchen Form der Ambivalenz wäre man dann wohl im angelsächsischen Raum besser aufgehoben als bei uns, wir glauben eben immer noch so etwas wie dem gerade erwähnten Ehrlichkeitsdogma verpflichtet zu sein.

Man könnte also unter den gerade genannten Voraussetzungen ein Projekt machen, das auf den bestehenden Kontext zugeht, in dem man einen großen Brocken parzelliert, obwohl ein einziger Bauherr dahinter steht. Im architektonischen Ausdruck ginge es dabei also nicht um Sichtbarmachung dessen, was konkret dahintersteht - also: ein Bauherr = eine Baumasse -, sondern es geht um die Frage, wie reagiere ich an welcher Stelle einer Stadt jeweils angemessen. Das kann dann eben auch zu der genannten Ambivalenz führen, also zu einer Symbolik im Bau, die den Widerspruch aushält, ihm eine Form verleiht, die der Stadt und ihren jeweiligen Gesetzmäßigkeiten verpflichtet ist.

Ein anderes Beispiel von „Symbolik" in der Architektur liegt darin zu versuchen, die Persönlichkeit einer Bauherrschaft oder ihre Ambitionen beim Hausbau „zum Ausdruck zu bringen", so dass sich die Bauherrschaft darin wiederfindet. Ob man will oder nicht: ein privates Haus hat immer auch etwas Repräsentatives, jemand repräsentiert sich damit. Man kann als Entwerfer dieses Repräsentationsdenken bewusst bedeckt halten, aber natürlich kann dieses auch exaltiert zum Vorschein kommen. Und auch dieser Aspekt ist in einer ambivalenten Weise zu betrachten, denn gleichzeitig ist es ja „meine" Architektur, und natürlich will ich nicht nur Dienstleister für den Bauherren sein, ich will auch nicht zugunsten eines „bauherrenfreundlichen Ausdrucks" auf Distanz gehen zu einem Projekt, sondern in dem Entwurf muss sich eine Aussage zu meiner Auffassung von Architektur zeigen. Meine Auffassung von Architektur muss darin zum Ausdruck kommen.

Damit umschreiben Sie auch das Wesen der Autorschaft in der Architektur. In dem Begriffsfeld des Symbols spielt der Autor insofern eine Rolle, als dass er derjenige ist, der den symbolischen Ausdruck auswählt – indem er entweder im Sinne seiner eigenen Handschrift vorgeht, also sich selbst repräsentierend in seiner erkennbaren Formensprache agiert, oder aber im Sinne eines hinter dem Werk, hinter der Oberfläche des Werkes stehenden Ausdrucks, einer weniger unmittelbar sichtbaren Intention.

Sie setzen hier als Gegenpole zum einen die Wahrnehmung eines Werkes und zum anderen die Intention, die es hervorgebracht hat. Aber die Intention in der Architektur kann es ja nicht sein, ein Label zu kultivieren – das mag für andere Architekten zutreffen, mich interessiert das nicht. Das ist doch der große Gegensatz zu den so genannten Star-Architekten wie Daniel Libeskind oder Frank O. Gehry. Natürlich finden diese Architekten ihre Bauherren und realisieren große Volumen, aber ich spreche ihren Bauten ab, überhaupt Architektur zu sein. Dieses ganze Labeldenken, diese signature buildings, das branding – all das sind doch reine Vermarktungsstrategien.

Ich sehe darin auch eine Parallele zum Kunstmarkt, in dem heute ein Künstler wie Damian Hirst Objekte auf den Markt bringt, die nicht mehr als solche überzeugen oder uns anrühren oder begeistern sollen, also nicht mehr jedes für sich als ein eigenes Werk, sondern in einem anderen Kontext ihre Besonderheit suchen, nämlich das teuerste Kunstwerk zu sein, das jemals hergestellt wurde oder die größte Versteigerung eines einzelnen

Künstlers mit dem höchsten Erlös oder was auch immer. Der ursprüngliche Sinn des Werkes, der ja darin lag, einen Gegenpol zur rationalen Welt des Kommerzes und der Bilanz zu markieren, löst sich hier komplett auf.

Und dafür lässt Damian Hirst dann eine ganze Hundertschaft von Angestellten eben diese Werke herstellen, sich darauf berufend, dass schon in der Renaissance die Künstler ihre Werkstätten mit ihren Schülern hatten und spätestens seit Andy Warhols das Prinzip der „Factory" auch einen guten Klang hat.

Grundsätzlich mache ich eine Trennung zwischen dem bildenden Künstler und dem Architekten. Für die zeitgenössische Kunst gibt es das Zitat, ich weiß nicht genau, von wem es stammt: „Kunst ist Behauptung". Für die Kunst mag das zu einem gewissen Teil zutreffen. Architektur dagegen ist nicht Behauptung. Architektur ist Erfahrung auf der Grundlage des Lebens - und nicht „Inspiration" auf einem medialen Jahrmarkt.

Und auch ein künstlerisches Werk kann ich doch nicht von seinem ökonomischen Hintergrund her beurteilen, das ist doch schlicht zu banal. Das gilt für die Kunst wie auch für die Architektur. Möglicherweise muss ich das für die Kunstwelt so akzeptieren, weil es nicht mein Metier ist. In der Architektur aber möchte ich dem etwas entgegensetzen.

Mit dem Unterschied, dass wir in der Architektur auf den Bauherren als Gegenüber angewiesen sind, denn nur selten tritt auch der Architekt als Bauherr auf.

Damit sind wir letztlich bei einer übergeordneten Fragestellung: Wenn wir an eine Tradition der Architektur glauben und wenn wir der Auffassung sind, dass man auch heute Architektur nicht einfach aus dem Hut zaubern kann, sondern dass es hierbei um etwas geht, das jeweils von Generation zu Generation weiter fortgeschrieben werden muss und weder Gegenstand einer momentanen „Erfindung" in einem günstigen Moment sein kann noch einer „Jahrmarktsattitude", dann sind wir bei der Notwendigkeit einer verantwortungsvollen Gesellschaft. Architektur hat eben mit dem Selbstverständnis einer Gesellschaft zu tun, nicht nur mit dem Einzelnen, sei es nun der verständige Mäzen oder der geniale Architekt. Architektur ist immer auch von ihrer Gesellschaft abhängig.

Und da müssen wir ganz objektiv feststellen, dass unsere Gesellschaft offensichtlich diese Surrogat-Architekturen der so genannten Stars haben möchte. Architektur ist heute eine Frage des Entertainments geworden, wie ein Fußballspiel. Diese Funktion hat die Architektur mittlerweile: die Leute wollen von der Architektur unterhalten werden.

Wenn ich im Nachhinein auf meine realisierten Werke schaue, dann stelle ich darin eine gewisse Kontinuität in der entgegengesetzten Richtung fest. Mit einem zeitlich größeren Abstand zu den Entwürfen bemerkt man sowohl die Kontinuität wie auch die Unterschiede, man bemerkt die Veränderungen, die man durchgemacht hat, obwohl man sich sein ganzes Leben mit der Architektur auseinandergesetzt hat. Und das zeigt mir: Man ist mit zunehmendem Alter nicht mehr so sehr an den flüchtigen Dingen interessiert. Man ist interessiert an Dingen, die mehr Bestand haben, und die auch in ferner Zukunft noch Bestand haben werden, egal was der Zeitgeist heute dazu sagt. Das zieht sich als ein roter Faden durch mein Œuvre, mit den erwähnten inhaltlichen Differenzen. Was bleibt ist die Neugier, wenn eine neue Aufgabe auf den Tisch kommt. Und aus dieser Neugier heraus entsteht immer etwas Unerwartetes.

Und das birgt für Sie einen dauerhaften Reiz …

Absolut. Man hat ja auch nie nacheinander mehrere identische Bauaufgaben, außerdem gibt es identische Aufgaben für uns ja gar nicht, denn per se ist jeder Ort anders. Also fragt man sich, wie man sich Schritt für Schritt, Aufgabe für Aufgabe, an der Arbeit an der Architektur weiterentwickeln kann.

Wenn Sie sich gegen den Begriff des „Labels" so gewehrt haben, könnten wir dann den Begriff der „Autorschaft" als eine jeweilige Ähnlichkeit in der Denkweise und der Herangehensweise an eine Aufgabe beschreiben?

Autorschaft resultiert für mich zunächst aus einer nachvollziehbaren und ablesbaren Haltung. Da müssen wir natürlich gleich weiterfragen: Was ist das überhaupt, eine Haltung? Haltung definiert sich für mich zunächst einmal über „Leitplanken". Es gibt Dinge, die ich einfach nicht mache. Das habe ich recht früh für mich entschieden. Innerhalb dieser Haltung gibt es dann ein spezifisches Interesse, da man ja mit jeder Herausforderung ein Stück weiterkommen möchte. Man entdeckt auf diese Weise auch immer etwas Neues, man will die Dinge auch immer noch besser machen, noch perfekter machen, um so mit jeder neuen Aufgabe auch einem „Ideal der Vollendung" näher zu kommen. Das ist für mich eine klassische Haltung.

Impliziert der Begriff vom „Ideal der Vollendung" nicht auch, dass es das ideale Werk gibt?

Das ideale Werk, vollkommen losgelöst von allem, das interessiert mich nicht. Aber ein Ideal unter gewissen Voraussetzungen herauszuarbeiten, unter den gegebenen Bedingungen, das ist eine andauernde Herausforderung für mich.

In jeder Aufgabe steckt doch im Grunde schon so etwas wie ein „Ideal" im Sinne eines potentiellen Ergebnisses - ich vermeide hier bewusst den Begriff „Lösung", weil sich dies so nach „Problemlösung" anhört, so sehe ich Architektur aber nicht. Und ich bin andauernd neugierig, wie dieses „Ideal" aus einer spezifischen Aufgabe hervorgeholt werden kann. Ich habe zu Beginn eines Entwurfes keine fixe Vorstellung, die man dann nur aufzeichnen muss, sondern ich bleibe neugierig, wie sich ein Projekt in sich selbst und aus seinen Bedingungen heraus entwickelt. Natürlich brauche ich dazu ein entsprechendes Repertoire, sowohl formal wie auch handwerklich, und ich muss in gewisser Weise mit diesem Repertoire auch spielen können und artistisch, vielleicht sogar virtuos damit umgehen. Aber auf einer solchen Bezugnahme auf ein Repertoire gründete sich die Architektur bis zur Moderne ja immer.

Mit dem Begriff des „Repertoires" meinen Sie die Architekturgeschichte?

Nicht nur die Architekturgeschichte; auch das Wissen, die Leidenschaft, all das spielt hier mit hinein.

Ich hole ein wenig weiter aus: Sie wissen ja, was ich über die Jahre als Architekt mache und gemacht habe. Irgendwann habe ich angefangen, mich intensiver mit einer konventionellen vormodernen Architektur zu befassen. Ich meine das nicht in dem Sinne, dass das Alte immer das Bessere ist, aber solange die Architekten innerhalb eines hinreichend definierten Metiers gearbeitet haben, konnten sie ein unglaublich breites Spektrum architektonischer Möglichkeiten hervorbringen, ohne in die Situation zu kommen, alles selbst immer wieder neu erfinden zu wollen. Und mit der Moderne kam der Erfinder in die Architektur, und das eigentliche Metier selbst ist dabei sukzessive verloren gegangen.

Damit stellen Sie den Sinn hinter den „Leitplanken" heraus, die Sie als Grundvoraussetzung einer Haltung definiert haben. Und diese Haltung wiederum ist

Bestandteil dessen, was Sie Repertoire nennen, was man auffassen kann als Optionen im Zusammenspiel von Form und Raum.

Es geht aber noch weiter: es führt zu der grundlegenden Frage, was Architektur eigentlich ist. Angesichts dieser Frage kommen wir begrifflich relativ nah zu Heidegger, auch wenn ich diese Nähe gar nicht im philosophischen Sinn beabsichtige, denn natürlich ist mein Feld der Auseinandersetzung die Architektur.

Vergleichbar mit Heideggers Sprachduktus geht es für mich in der Architektur vor allem um den Zusammenhang von „Erde" und „Welt" und wie der Mensch in seinem Dasein und in seinem Willen des Erschaffens und des Herstellens von Dingen, also von Häusern, in dieses Spannungsfeld von Erde und Welt gestellt ist.[4]

Nach Auffassung Heideggers entsteht ein Werk in dem „Streit" von Erde und Welt. Es gibt eine gegebene wechselseitige Bedingtheit, in welcher der Mensch zu seiner Handlung findet. Es wäre natürlich schön, wir könnten diesen theoretischen Aspekt hier mit einem Blick in das konkrete Entwerfen weiterführen.

Ich will versuchen, Ihnen ein Beispiel zu nennen: Einer der Punkte, an denen diese architektonische Überlieferung, diese vorhin genannte Zeit eines architektonisch gefestigten Metiers umkippt in Richtung eines gewollten Erfindertums, ist zeitlich ein Moment, den man präzise festmachen kann: es ist der Vortrag von Le Corbusier in Argentinien, 1929 in Buenos Aires, wo er in einer Zeichnung eine Säule, einen Tempel, ein Fenster nebeneinandersetzt, dies alles durchstreicht und sagt, dies sei keine Architektur, das alles seien „Stile". Dasselbe Missverständnis kommt bei ihm nochmals zum Tragen, wenn er – zehn Jahre nach seiner Schrift „Vers une Architecture" – sagt, dass der Parthenon die reine Schöpfung des Geistes sei und von einem genialen Architekten geschaffen wurde: Phidias. Vollkommener Schwachsinn! Daraus spricht die Überheblichkeit der Moderne, die nicht wahrhaben will, dass es Jahrhunderte an Entwicklung gebraucht hat, ehe Phidias dann – vielleicht mit kleinen Änderungen vom seinerzeitigen Konsens und der damaligen Konvention – den Parthenon realisieren konnte.

Le Corbusier bringt darin einen Geniekult zum Ausdruck, der charakteristisch ist für die Moderne und ihren Selbstbezug.

Aber gleichzeitig ist jemand wie Le Corbusier noch geprägt und ausgebildet worden innerhalb des seinerzeit festgefügten und noch lebendigen Metiers, unter anderem im Büro von Peter Behrens in Berlin. Er hat seine Reisen unternommen nach Italien und in die Türkei und nach Griechenland, und dort macht er diese wahnsinnige Skizze von der Akropolis, auf welcher der Parthenon aus der Erde herauszuwachsen scheint, man sieht den Erdball, die Erde, den Fels, aus dem der Tempel als eine Masse auftaucht und aus der er selbst hervorgeht.

Sie sehen also diese Skizze als Beleg für das Spannungsfeld von Erde und Welt.

Und genau dieses Gefühl ist es, was mich in meiner eigenen Arbeit interessiert, was ich dauerhaft verfolge. Ich mache ja nichts anderes, als dem Material der Erde eine architektonische Form zu geben. Aber nicht, wie Le Corbusier dann an anderer Stelle die Formen der Architektur festlegt auf Kugel, Pyramide et cetera. Auch nicht, wie die alten Traktate sagen, dass diese und jene Proportion für diesen oder jenen Zwecke die richtige oder die angemessene sei - das interessiert mich nicht. Aber die Frage, wie man *aus der Erde heraus* eine Form schöpfen kann, fesselt mich dauerhaft - und diese Denkweise schließt gleichzeitig aus, dass Entwerfen etwas sei, das in meinem Kopf eine beliebige Form entstehen lässt, und diese sozusagen von außen irgendwie auf die Erde fällt oder hingestellt wird.

Den Gedanken vom Gegenpol von Erde und Welt möchte ich gerne noch vertiefen: „Erde" im Sinne Heideggers ist das physisch Gegebene, also dasjenige, woraus *etwas entsteht. „Welt" dagegen meint das ganze geschichtliche Geschehen, die Bedeutungsganzheit, sozusagen den Rahmen,* worin *etwas erdacht wird. Welt ist damit auch das je Subjektive, so wie wir zum Beispiel unsere Ablehnung zum Ausdruck bringen, wenn wir sagen: „Das ist nicht meine Welt". Insofern stehen Erde und Welt in einer wechselseitigen Abhängigkeit und finden im Werk zu einem je spezifischen Verhältnis zueinander. In diese Argumentation spielt auch die These der architektonischen „Autonomie" hinein, im Sinne einer „Welt", die Architektur heißt und die für sich spezifische Begriffe und Gegebenheiten bildet, die in sich abgeschlossen sind.*

Le Corbusier hatte, wie Sie sagen, die Herkunft der klassischen Architektur noch verinnerlicht, er hatte nicht nur ein Gespür für die Meisterwerke der klassischen Architektur sondern auch für die anonyme Architektur, denn sonst hätte er die Certosa di Ema bei Florenz in ihrer Ursprünglichkeit und ihrer Besonderheit der Räume gar nicht wahrgenommen und auch nicht ernst genommen. Le Corbusier macht aus dieser Gegebenheit aber etwas anderes: er deutet die Zeichen der Welt neu und interpretiert sie nach neuen ästhetischen Aspekten, die dann auch das Denken über die Architektur revolutionieren.

In seiner Zeit eröffnet Le Corbusier also die spezifische Welt der Moderne, weil er mit den Gegebenheiten der architektonischen Welt radikal freier umgeht. Mit seinem Ausspruch der „Augen, die nicht sehen"[5] *fordert er, das Gesehene nicht mehr allein als das Vertraute wahrzunehmen, sondern als eine Erscheinung* an sich, *die von jedem frei und subjektiv interpretiert werden kann; so kommt er dazu, ein Getreidesilo als eine Skulptur zu begreifen.*

Damit wir uns nicht missverstehen: Auch ich sehe die Prämisse der „Augen, die nicht sehen" in erster Linie als ein rhetorisches Kabinettstück – und doch müssen wir eingestehen, dass Le Corbusier damit die Welt der Moderne in der Architektur eingeläutet hat.

Und mehr noch: Mit der Person von Le Corbusier kippt schließlich das tradierte Verhältnis zwischen Architekt und Architektur. Er selbst hatte ja noch diese hohe Sensibilität für das Architektonische mitbekommen, er hatte sie noch verinnerlicht, und driftet dann doch hin in diese modernistische Welt der – wie soll man sagen – individuellen Kreationen und seiner eigenen, scheinbar grenzenlosen genialen Kreativität.

Wenn man aber Architektur morphologisch begreift, dann eröffnet sich zwischen „Welt" und „Erde" ein Spektrum, das sich auch nicht auf eine einzige stilistische Dimension begrenzen lässt, sondern das auch scheinbar gegensätzliche Formen zulässt. Nehmen Sie KNSM-Eiland in Amsterdam aus den frühen neunziger Jahren, diesen Riesenwohnblock: das ist Backstein pur, das ist Teil der Erde, das ist aus der Erde herausgeholt, gebrannter Ton, dennoch in seiner Gesamtform ganz skulptural gedacht.

Arbeiten wir dagegen mit Stein, dann müssen wir an den einzelnen Fassadenelementen und ihrer Fügung zueinander arbeiten, es muss am Ende geschlossen wirken, wie aus dem Steinbruch herausgeschnitten. Es muss also erneut – wenn auch auf andere Weise – diese Verbindung zur Erde hergestellt werden. Das ist dann letztlich eine Detailfrage, eine Frage der Fuge, des Reliefs, des Schattens. Was unsere Maschinen heutzutage alles können, spielt dabei keine Rolle. Es muss vom Ergebnis, von der Wirkung her gedacht werden in Abhängigkeit von der architektonischen Konvention, die ja der sinnlichen Wahrnehmung dienen will. In diesem Verhältnis eines Gebäudes zur Erde findet sich für mich das Architektonische schlechthin.

Wie ist es aber in unserer heutigen Welt? Die Eindeutigkeit einer klassisch-humanistischen Zeit ist nicht mehr gegeben und auch die Paradigmen der Moderne sind nicht mehr gültig. Wir haben heute verschiedene Parallel-Welten, wie es die aktuelle Philosophie auch zu belegen versucht. Ein Werk zeichnet sich meiner Meinung nach aber immer noch dadurch aus, dass es seine Welt mit seiner Erde, seine Bedeutung mit seiner Herkunft in eine Beziehung bringt, die in der architektonischen Form mündet. Es geht also immer noch darum, im architektonischen Werk eine Position zu beziehen, einen Standpunkt zur Welt zu fixieren – auch wenn dieser nicht mehr eindeutig und allgemeingültig sein kann. Haben Sie für sich in den vergangenen zwanzig, dreißig Jahren den Wandel dieser unterschiedlichen Welten wahrgenommen, in denen die Architektur jeweils ihren Standpunkt neu finden und begründen muss? Und resultierte daraus auch Ihre klassische Haltung zur Architektur?

Ja natürlich, und nicht nur als Reaktion. Wie ich vorhin schon gesagt habe: inzwischen ist es ja soweit, dass die Architektur zuvorderst sich selbst nicht verlieren darf! Das, was um mich herum passiert und als Architektur gelten möchte, hat doch schon längst den Architekturbegriff verlassen, wie er über Jahrhunderte Gültigkeit hatte und wie ich ihn mir selbst zu eigen gemacht habe. Schauen Sie sich doch diese ganzen Klempnerarbeiten um uns herum an ...

Es fängt schon im neunzehnten Jahrhundert an, dass die Architekten gegenüber den Ingenieuren in eine paradoxe Rechtfertigungshaltung kommen – und fatalerweise orientieren sich die Architekten von diesem Zeitpunkt an immer stärker an den Ingenieuren und an deren Suche nach einer Lösung eines Problems, und nicht mehr an dem architektonischen Versuch, einem Ideal zu folgen. Das ganze unbefriedigende Kleben und Verschrauben im Bauwesen, dieses ganze Nicht-Zusammenfügen oder Nicht-mehr-fügen-Können, entspringt doch einem Gedanken nach Le Corbusier, man müsse Häuser bauen wie Autos. Dieser Paradigmenwechsel führt die Architektur in ihr eigenes Ende!

Und in diesem Denken zeichnet sich eben ein ganz wesentlicher Unterschied ab zu jemandem wie Mies van der Rohe. Auch Mies geht ja in Richtung einer Typisierung, spricht es sogar genau so aus, aber er verharrt innerhalb der Rahmenbedingungen der Architektur selbst. Wenn er das Seagram Building entwirft, dann macht er bis zur Erschöpfung Skizzen über Skizzen, um herauszufinden, wie hier die Profile an der Gebäudeecke zueinander kommen können. Und die Profilierung einer Säule, von der Le Corbusier am Parthenon spricht, führt Mies van der Rohe dann am

Seagram in Stahl und Glas aus. Das heißt: die Wahrnehmung von Architektur war in dieser Generation noch eine ganz unhinterfragte, leibliche Angelegenheit - übertrieben könnte man sagen: eine „genetische" Konvention. Und diese Einheitlichkeit der Wahrnehmung rührt aus einem architektonischen Empfinden, das einer natürlichen Erdgebundenheit entstammt. Mies van der Rohe hat diese Verbindung nie verlassen.

Selbst bei der Neuen Nationalgalerie hier in Berlin hält Mies diese enge und intrinsische Verbindung, obwohl man ja in der flüchtigen Betrachtung den Eindruck haben könnte, dieser tempelartige Baukörper sei einfach so auf die Erde gefallen und auf einen Sockel gestellt. Aber diesen Eindruck verhindert Mies im Inneren durch die beiden massiven Steinblöcke aus Verde Alpi, wenngleich „nur" die Technik, die hindurchgeführt wird, der Grund dafür zu sein scheint. Das ist fraglos vergleichbar mit seinen Aufzugsschäften im Seagram, die in Marmor bekleidet ebenso aus dem Sockel hervorgehen, wie dieser wiederum mit der Erde verbunden ist und aus ihr auftaucht. Das, was wir sehen, steht nicht einfach nur da und ist schön anzuschauen. Es ist Ausdruck eines schöpferischen Ganzen.

In der Neuen Nationalgalerie ragen dann diese acht Säulen aus Stahl auf, das sind keine Stützen, es sind Säulen aus Stahl, an der Basis breiter als am Kopf, also mit einer Entasis - großartig! Das kommt von ganz innen! Das ist keine Idee, das ist keine Vision - das ist geworden aus dem großen Ganzen.

Zu Beginn unseres Gespräches hatten Sie das Schöne als ein Grundprinzip Albertis zur Architektur charakterisiert. Zwischen Alberti und unserer heutigen Zeit liegt - neben vielen anderen Einflüssen - auch Immanuel Kant mit seiner „Kritik der Urteilskraft" (1793), die Sie in vielen Ihrer Schriften zitieren, und in der Kant das Schöne der Betrachtung und dem Geschmack des Einzelnen unterwirft. Wenn Sie nun die Neue Nationalgalerie von Mies van der Rohe ansprechen, so würde mich doch interessieren, ob Sie darin das Prinzip des Schönen erkennen oder nicht eher das Prinzip des Erhabenen, welches in seinem Ergreifen des Betrachters eben über das Schöne hinausgeht.

Ich bin kein Philosoph. Die Neue Nationalgalerie geht sicherlich über den reinen Schönheitsbegriff hinaus. Es ist ein Gebäude, das sich letztlich ja sogar von seiner Funktion freimacht, zumindest nicht auf diese angewiesen ist. Insofern ist es ein Gebäude, das in das Erhabene ragt. Das spürt man. Und daher sage ich, dass dieses Moment des Erhabenen in der Architektur auch immer mitschwingt – als Herausforderung, etwas zu machen, was über den Nutzen, die Konstruktion, die Schönheit hinausgeht.

Worum es in der Architektur doch geht, das ist ja nicht nur das Zusammenwirken von Material und Raumzuschnitt und Licht und Schatten, sondern das, was ich „Proportion" nenne. Diese hat Mies wie kaum ein zweiter beherrscht, selbst bei kleinen Häusern. Ein für mich absolut verblüffender Moment war, als ich zum ersten Mal in den Krefelder Häusern war, dem Haus Esters und dem Haus Lange. Ich kannte diese aus Studentenzeiten nur aus Publikationen, also von Bildern her, sozusagen als Teil einer konventionellen Moderne. Und dann kommt man in diese Häuser und ist vollkommen überrascht von deren Raumverschwendung und ihrer Proportionierung. Der Raum, die Fenster, die Türen und die Türgriffe – alles ist zueinander ins Verhältnis gesetzt und hat diesen großen Atem. Die Proportion geht aus einer körperlichen Erfahrung hervor und ist eben darauf abgestimmt. Da merkt man wahrhaft „körperlich", was für ein Architekt hier am Werke war.

Mit dem Begriff der Proportionen meinen Sie aber sicherlich nicht exakte mathematische Verhältnisse …

... nein, keine mathematischen Verhältnisse in der Fläche, sondern Raum- und Körperproportionen. Angesichts der Krefelder Häuser von Mies van der Rohe merkt man, dass etwas an sich eher Armseliges, nämlich diese Kisten aus der Bauhaus-Ära, plötzlich einen großen Gestus haben kann. Und darin zeigt sich das Können von Mies, das ist sein Vermächtnis.

Es ist darin eine sinnliche Überhöhung zu spüren, die nicht nur auf die Raumhöhe zurückzuführen ist, aber sogar in einer ursprünglichen Wohnhausarchitektur schwingt so etwas wie Erhabenheit mit. Das entsteht durch die Einfachheit, die Klarheit, vor allem aber durch den Maßstab und die Raumproportion, also durch das Verhältnis zwischen dem Raum und mir. Erhabenheit ist nicht pure Größe. Hier bei Mies ist eine Bezugnahme des Menschen zum Artefakt festzustellen, der ihn nicht in seine Körpergröße von einem Meter und achtzig hineinzwingt und ihn auch nicht auf seine eigene Größe reduziert im Sinne eines unumgänglichen, darin verorteten Wahrheitsbegriffes. Diese Bezugnahme zwischen Mensch und Artefakt erzeugt vielmehr eine Ahnung von der Möglichkeit des Menschen, auch von seiner gesellschaftlichen Bedingtheit. Dort beginnt das, was man Erhabenheit nennen könnte – und damit schwingt in jedem architektonischen

Projekt so etwas mit wie eine Sehnsucht nach Erweiterung und Überhöhung unserer Erdgebundenheit. Ob sich das jetzt mit der Definition von Kant deckt, ist eine andere Frage. Für mich aber ist dieser Begriff des Erhabenen in der Architektur am Raum und seinen Proportionen selbst festzumachen.

Architektur ist ja letztlich die Sehnsucht nach Vollendung. Nicht Vollendung einer Biographie, sondern Vollendung eines Projektes, das aus vielen Zufälligkeiten heraus entsteht. Der Architekt ist dabei derjenige, der mit seiner Erfahrung und mit seinem Wissen etwas, was zunächst chaotisch und in einer unbeschreiblichen Komplexität angelegt ist, zusammenbringen muss zu einem möglichst vollendeten Produkt. Und die Sehnsucht nach Erhabenheit geht darüber noch hinaus.

In einem Ihrer Texte beschreiben Sie „anthropomorphe Analogien"[6] in der architektonischen Gestaltung als eine Voraussetzung der Wahrnehmung von Schönheit, weil nur dadurch der Betrachter überhaupt ein ästhetisches Urteil abgeben kann zu dem, was er vor sich sieht. Wie weit führen diese anthropomorphen Analogien in Ihrer Auffassung?

Es ist doch so: ein Haus schaut mich an. Das Haus hat in diesem Sinne ein Gesicht, natürlich nicht im Sinne von Augen, Nase, Mund - aber das Haus muss schon eine architektonische Physiognomie haben, damit es in seiner Gestaltung eine Signifikanz bekommt. Das geht natürlich darauf zurück, dass der Mensch sich seinem Gegenüber nur mit seinen eigenen Begrifflichkeiten anzunähern vermag, und diese resultieren aus seiner eigenen Leiblichkeit. In der Betrachtung eines Artefaktes setzt sich der Mensch selbst in eine Beziehung zu diesem. Und dadurch vermag er dann, ein plumpes Haus von einem eleganten Haus zu differenzieren, eben weil sein ästhetisches Urteil auf seine eigene Erfahrung zurückgreift und darin nach Analogien sucht - und diese auch findet. Das bedeutet aber, dass die Bildwelt eines Entwurfes immer architektonischen Ursprungs bleiben muss, und sich eben nicht aus irgendwelchen beliebigen Bildvergleichen generieren lässt. Damit ist nichts Ernsthaftes zu erreichen.

Und dieses Ernsthafte finden wir dagegen in den Werken eines Mies van der Rohe, so wie Sie diese gerade beschrieben haben: da regt sich doch etwas in unserem Inneren, oder? Der Raum in seinem Erleben erfüllt uns. Und das ist natürlich auch eine Absicht, die wir mit dem Begriff vom „Werk" in der Kunst oder in der Architek-

tur verfolgen, nämlich ihn anzusprechen und solch eine Wirkung beim Betrachter auszulösen.

Steht das als Gegenpol zu dem, was Sie zuvor mit dem „Flüchtigen" formuliert hatten, an dem Sie kein Interesse mehr haben, und was möglicherweise auch den inneren Wandel in Ihren eigenen Werken zwischen den neunzehnhundertachtziger Jahren und den zweitausender Jahren bedingt hat.

Man muss ja nur zur Kenntnis nehmen, was aktuell um uns herum passiert, und was demgegenüber in den zurückliegenden Jahrhunderten passiert ist. Also komme ich zu dem Schluss: mit dem Glauben an eine „Erfindung" oder an eine „geniale Setzung" oder an das entwerfende „Genie" kommen wir in der Architektur nicht weiter. Ich habe in mir mehr und mehr das Bedürfnis gespürt, etwas zu machen, was nicht im Zeitgeistigen hängen bleibt.

Wenn Sie den „schönen Schein" als ein wesentliches Kriterium in der Architektur ansprechen – eben auch jenseits des Zeitgeistigen –, dann bedeutet das doch auch, dass es gerade die Wirkung auf den Betrachter ist, die wir als Gradmesser für die Qualität von Architektur ansetzen können, also die Wirkung als Wahrnehmung und das daraus resultierende Weiterdenken des Betrachters. Oder kann man dafür ein abstrakteres Kriterium anführen?

Ohne Raumwirkung kein Werk! Es gibt keine Architektur, die ohne den Menschen zu denken ist. Architektur ist die Beziehung zwischen Mensch und Raum.

Den zuvor angesprochenen Begriff der Raumproportionen dürfen wir aber nicht nur für die Innenräume denken. Natürlich geht es darin auch um die Verknüpfung von Innen und Außen, das ist ja nicht voneinander zu trennen. Und richtig interessant wird die Auseinandersetzung, wenn wir dann von der „Wüste" oder von der „grünen Wiese" in die Stadt gehen. Mit anderen Worten: In der Architektur der Stadt weicht die künstlerische Faszination für das Objekt oder für die Skulptur dem Interesse an der Oberfläche oder dem Relief. Denn der städtische Raum als Straße und Platz wird definiert von Oberflächen. Und diese Oberflächen müssen wiederum Körper suggerieren.

Das hatte die Renaissance begriffen, wie Sie ganz früh schon in Florenz am Beispiel von San Miniato al Monte sehen können – unglaublich! Und das zeigt auch der Palazzo Rucellai von Alberti: die scheinbare Setzung eines Baukörpers, eines Palazzo in die Straßenflucht. Was Sie von diesem Baukörper wahrnehmen, ist nur seine Fassade – nicht sein Körper. Also muss die Fassade das leisten, was bei einem freistehenden Objekt der Körper durch seine Allansichtigkeit an Dreidimensionalität herzustellen vermag. Aber das erreicht man nicht durch ästhetische Aufgeregtheit oder durch willkürliche Gestik, sondern durch die architektonische Komplexität einer in sich gegliederten Baumasse.

Von dem Thema der Oberfläche ist es nur ein kurzer Schritt zur Frage des Handwerks, das unter dem Aspekt des Machens im unmittelbaren Zusammenhang dazu steht. Werk - Handwerk: wie stehen diese Begriffe in Ihrer Charakterisierung zueinander?

Ich kann doch das handwerkliche Wissen, das seit jeher die Architektur ausgemacht hat, nicht einfach zugunsten neuer Produktionsmöglichkeiten fahren lassen, so ökonomisch diese auch sein mögen. Das könnte ich ja nur unter der Maßgabe denken, dass die Maschine es besser könnte. Die Architekten der Nachmoderne haben aber leider nicht begriffen, dass die Maschine es nur billiger kann, nicht aber besser. Und sie haben die ganzen Probleme, die man sich im Vertrauen auf die Maschinen einhandelt, nicht in den Griff bekommen.

Natürlich kann man heute das Bauen nicht mehr von den Maschinen trennen – auch der Marmor im Steinbruch in Italien wird mit Maschinen herausgebrochen, und dann sogar noch per Computer weiterbearbeitet. Aber dennoch muss es zunächst handwerklich gedacht sein, wenn es am Ende schlüssig sein soll. Das handwerkliche Denken ist das Entscheidende. Damit meine ich, dass man also schon vorher wissen muss, wie sich das Material hinterher fügt; dass man erspüren muss oder sich eben erarbeiten muss, wie sich zwei Teile zueinander fügen lassen, damit es ein Ganzes, ein Monolith wird. Und diese monolithische Wirkung braucht es, damit es hinterher nicht aussieht, als seien irgendwelche Elemente irgendwie zusammengezwungen worden, nachdem sie quasi „from outer space" auf die Erde gefallen sind.

Architektur hat mit Illusion zu tun, und wenn wir von Architektur sprechen, gehört dazu immer die Illusion, dass das Haus eine monolithische Ganzheit ist, aus der Erde heraus gewachsen. So wird aus Bauen Architektur – und erst dann können wir auch ernsthaft von einem Werk in der Architektur sprechen.

In den letzten Jahren Ihrer Lehre als Professor an der ETH Zürich hatten Sie auch angefangen, mit den Studierenden große, sehr große Gipsmodelle zu fertigen – und das in einer Maßstäblichkeit, die über das klassische Modell weit hinausgeht und in einer Dreidimensionalität, in der die Elemente tatsächlich mit handwerklichen Fähigkeiten gefügt werden mussten; Fähigkeiten, die den Studierenden heute nicht mehr unbedingt mitgegeben werden.

Das Gewicht und der Widerstand des Materials gehören zu den architektonischen Grunderfahrungen, die der Student in seiner Arbeit am Computer versäumt. Das ist nicht nur eine Frage der Handwerklichkeit, sondern auch eine der körperlichen Empfindung – vor allem deswegen haben wir diese Modelle so groß gebaut. Die Modelle waren so schwer, dass man sie gar nicht alleine bewegen konnte, vier Studenten mussten ein Modell tragen. Und damit wurde den Studenten klar, dass dieses Gewicht, das ja Erdgebundenheit ist, wiederum ein Teil des Bauens ist. Bauen ist nicht unabhängig von der Gravitationskraft zu denken. Die Körperlichkeit des von uns entworfenen Artefaktes ist von unserer Leiblichkeit nicht zu trennen. Die Erfahrung von Architektur muss man heute den jungen Leuten anerziehen, denn diese schlichte Erfahrung ist nicht mehr von sich aus gegeben. Wenn heute die Kinder auf dem Tablet „rumwischen" und sich mehr im Virtuellen bewegen als im Konkreten, wie soll dann Körperlichkeit als Erfahrung noch zustande kommen?

Durch die schiere Größe des Modells verliert unser Verhältnis zum Modell dann auch die eindeutige Subjekt-Objekt-Beziehung in einer Weise, dass ich als Subjekt und „Schöpfer" nicht mehr auf das kleine Modell herabblicke und mich dann nicht mehr als derjenige fühlen kann, der dieses Objekt beherrscht.

Exakt. Das Modell steht nicht mehr für etwas anderes, sondern es ist die Sache selber. Es ist nicht mehr das „Als-ob", auch wenn es noch nicht das Haus ist, das ich täglich bewohne.

Wenn wir noch für einen Moment beim Handwerksbegriff bleiben und von diesem ausgehend noch eine Wendung machen wollen, dann möchte ich gerne auf einen Text von Ihnen zu sprechen kommen, den Sie im Zusammenhang mit Ihrer Ausstellung in der Galerie Hetzler in Berlin 1997 geschrieben haben. In der Ausstellung hatten Sie als Raum im Raum die Installation eines Wohnraumes gezeigt, mit stoffbespannten Wänden, mit einem gediegenen Holztisch und Holzstühlen drum

herum und einem klassischen Leuchter über dem Tisch - als Abbild und Inbegriff des klassischen Wohnens.

Sie zitieren In Ihrem Text zu dieser Ausstellung den amerikanischen Philosophen Arthur C. Danto aus seinem Buch „Die Verklärung des Gewöhnlichen" (1981). Danto hält in der Zeit nach Andy Warhol die althergebrachte, rein visuelle Wahrnehmung eines Kunstwerkes für nicht mehr statthaft. An die Stelle des ästhetischen Erlebnisses tritt nach Danto also die Konzeption eines Werkes, sein geistiger Hintergrund: das Auge allein ist damit nicht mehr Garant für die Beurteilung eines Kunstwerkes, stattdessen hat nun der Geist die Entscheidungshoheit darüber, ob ein Objekt den Titel Kunstwerk verdiene oder nicht.

In Ihrer Installation nutzen Sie den repräsentierenden Raum der Galerie und Sie tauschen hier das Artefakt des üblicherweise ausgestellten Kunstobjektes gegen den klassischen Wohnraum aus, den Sie dann zu einem Werk erklären. Aber das Werksein basiert ja hier zunächst auf dem repräsentierenden Rahmen der Galerie, die ihn zum Werk nobilitiert. Und das bedeutet ja gerade das Gegenteil zur beabsichtigten Veredelung des Handwerks: denn wenn der Geist das Wesentliche ist, wird die Ausführung zweitrangig.

Das ist prinzipiell richtig - allerdings zeigt sich der Sinn dieser Installation auch in einer bewussten Ambivalenz, gepaart mit einer gewissen Ironie. Das heißt, die Ausstellung war als Kommentar zu verstehen zu einem seinerzeit geläufigen Bild vom Wohnen und von „Wohnlichkeit", die keinen Unterschied mehr kannte zu einem Galerieraum. Deswegen habe ich diesen ironischen „Salto mortale" versucht: denn wenn das Wohnliche nun wieder in die Galerie kommt, dann hätte es doch auch draußen in der Alltagswelt wieder den Anschein des Künstlerischen, und nicht des Biederen. Das war der Hintergrund dieser Installation, die keinen Anspruch auf „Echtheit" hatte, sondern bewusst Ausstellung war.

Das heißt, die Möbel in dem Raum waren nicht wirklich in der Handwerklichkeit eines Möbelschreiners gebaut, sondern es waren furnierte Möbel, es waren also von ihrem Wesen her „Modelle". Aber natürlich hat sich diese Ausstellungsprojekt in einer Zeit entwickelt, in der wir darauf aus waren, ein Möbel selbst wieder mit Hilfe einer fast vergessenen Handwerklichkeit herzustellen und sie in den Rahmen einer fast vergessenen Wohnlichkeit zu stellen. Wissen Sie: Damals konnte man solche Räume ja eigentlich gar nicht machen, das war verpönt, das war gestrig und vorgestrig. Kurze Zeit später haben wir aber das, was hier in der Galerie noch „Modellcharakter" hatte, dann tatsächlich gebaut.

Auch in meiner Arbeit mit den Studenten an der ETH ging es damals um das Wohnen und Wohnlichkeit, also einen Begriff, der vollkommen aus der Zeit gefallen war; es ging um Hausbau, die Studenten haben zunächst Wohnungen eingerichtet in der Tradition von Adolf Loos et cetera. Insofern war dieser Raum in der Galerie Hetzler ein Vehikel, um aus dem vorherrschenden Dilemma der abstrakten, immer gleich aussehenden, lichtdurchfluteten Innenräume herauszukommen.

Und worum muss man sich kümmern, wenn man das ewiggleiche Alpina-Weiß in den Innenräumen hinter sich lassen will? – Wir haben uns also um den Schatten gekümmert, um das dämmrige Licht, weil dieses Licht eben schöner ist als das der politisch korrekten Glühbirne.

Auf dieser Basis haben die Studenten dann Innenräume entworfen für hypothetische Bauherren, gleichzeitig haben wir die Arbeit mit dem Computer und das Rendering kultiviert, und zwar nicht, um diese Bilder dann in Hochglanzbroschüren zu zeigen, sondern um ein eigenes Gefühl für die Atmosphäre im Raum zu bekommen. Was hält ein solcher Raum atmosphärisch für den Bauherrn bereit? Erst über die Möblierung, erst über die Materialisierung der Wände, erst über die tatsächliche Lichtwirkung auf den Oberflächen können Sie dazu eine präzise Aussage treffen. Erst dann können Sie einen Raum schaffen mit einem dämmrigen Licht – phantastisch!

Der Begriff der Atmosphäre erscheint in Ihrer Darstellung als Synonym für das Potenzial eines Raumes. Wie aber kommt Atmosphäre zustande? Im Miteinander von Material, Raum und Licht? Wie würden Sie den Begriff der Atmosphäre allgemein beschreiben?

Wenn ich Innenräume als architektonische Aufgabe begreife, und nicht als Interior Design, dann ist die erste Arbeit immer diejenige eines Architekten, nämlich einen Raum aus der Masse um diesen herum herauszuschälen, ihn auszuhöhlen. Architektur ist ja immer beides, das Additive, das am Ende als ein Ganzes, Monolithisches erscheinen soll, und auf der anderen Seite ist es Raumbildung, und das ist zumindest gedanklich ein Prozess des Aushöhlens.

In diesem ausgehöhlten, materialisierten Raum will ich dann aber auch ganz alltägliche Dinge machen, d.h. ich brauche einen Tisch und einen Stuhl, aber wie sehen diese aus? So kommt eines zum anderen, es verdichten sich die Entwurfsbestandteile. Und wenn man dann den Computer entsprechend beherrscht, so dass man das Licht präzise handhaben kann, dann kann man eben konkrete Situationen vorwegnehmen: wie steht das Licht am Nachmittag um siebzehn Uhr, wie unterscheidet es sich jeweils im Laufe der Jahreszeiten? Wenn ich das im Griff habe, kann ich über Atmosphäre reden. Das hat nichts mit Design zu tun, nichts mit Interior Design – wie soll ich über einen Raum anders reden als über seine Oberflächen und seinen Wechsel im Licht?

Wissen Sie, ich selbst sitze ja nicht am Computer und ich entwerfe selbst auch nicht am Computer. Ich schreibe nicht einmal Texte am Computer, sondern auch diese noch mit Füller per Hand. Ich kann einfach nicht anders schreiben, das hat für mich etwas zu tun mit der Schlüssigkeit eines Gedankens, der in meinem Kopf entsteht und durch meine Hand und meine Finger aufs Papier kommt. Wie beim Schreiben so beim Skizzieren. Das handwerkliche Zeichnen mit Bleistift wird heute ja leider viel zu wenig in der Architekturausbildung gelehrt, das betrachte ich als einen großen Verlust. Denn in der Erfahrung des Erzeugens einer Handzeichnung liegt ja auch ein großes Glück.

Aber selbst wenn ich also nur skizziere, so weiß ich doch sehr genau, wie Computer und wie CAD-Programme funktionieren, nämlich aus meiner eigenen Erfahrung in den späten siebziger Jahren in Amerika, als wir die Programme für die ersten Zeichencomputer sogar noch selbst schreiben und programmieren mussten, um dann damit ein Haus zu zeichnen. Und daher sehe ich die Arbeit am Computer und auch die Renderings nicht nur als einen Modus an, um die Bauherren vom Entwurf zu überzeugen, sondern als ein eigenes Entwurfsinstrument, um zu verifizieren, ob der Entwurf in sich schlüssig ist. Und das zeigt sich eben absolut präzise in den Darstellungen mit Licht, Schatten und Materialoberflächen.

Dann ist Atmosphäre für Sie so etwas wie die antizipierte Stimmung im Raum, in der nur noch Geruch und Klang fehlen.

Wir haben diesen Begriff der „Stimmung“ oft synonym zu dem der Atmosphäre verwendet. Und die Hilfsmittel des Computers befähigen uns, diese Stimmung vorwegzunehmen, bzw. diese dem Laien zu zeigen. Diejenigen Architekten, die noch im ursprünglichen Metier der Architektur gearbeitet haben, die konnten diese Stimmung oder Atmosphäre noch mit Bleistift auf das Papier transportieren, oder mit Kohle, was auch immer. Mies van der Rohe konnte das noch. Le Corbusier konnte das auch noch in einer

anderen Art und Weise. Wenngleich es schon damals spezialisierte Zeichenbüros gab, die diese Arbeit der Visualisierung übernommen haben. Aber mir geht es hier nicht um Visualisierung – weder hier im Büro noch in der Lehre. Das Rendering verwenden wir als ein wichtiges Entwurfswerkzeug, nicht als ein Präsentationsmittel.

Schon sehr früh in den neunziger Jahren haben wir damit angefangen, so zu arbeiten und diese Ergebnisse dann wiederum ausgestellt. Damals beim Wettbewerb für den Potsdamer Platz (1991) haben wir wohl einen der ersten professionellen CAD-Filme gemacht, einen virtuellen Flug über die Leipziger Straße zum Potsdamer Platz, zu den dort von mir geplanten Hochhäusern.

Und das war auch die Zeit, in der ich dann dieses Interesse für die Fassaden gespürt habe, für ihr Relief, um den Monolithen dahinter spürbar zu machen, und damit auch einen individuellen Ausdruck zu evozieren und am Ende sogar einen Symbolcharakter. Vorher haben uns Fassaden ja nicht wirklich interessiert; vorher hat uns das skulpturale Objekt interessiert.

Was löste diesen radikalen Interessenwandel aus?

Es lag an der Stadt. Es lag an der Herausforderung der Großstadt Berlin nach dem Fall der Mauer.

Bis zum Fall der Mauer lag für uns die Zukunft der Architektur in der Peripherie, in dem leeren Raum, der von uns gefüllt und besetzt wird mit Objekten und Skulpturen oder zumindest mit skulpturalen Großformen, wie z.B. unser Entwurf für das Ethnographische Museum in Frankfurt/Main aus den späten achtziger Jahren zeigt. In diese Phase fällt auch noch das Projekt KNSM-Eiland in Amsterdam, denn auch diese Großform befindet sich an der Peripherie der Stadt, in einem ehemaligen Hafengebiet. Und schauen wir auf unsere Berliner Projekte aus den achtziger Jahren – wo lagen denn diese Projekte? Sie alle befanden sich in einer durch Kriegszerstörung aufgelösten Stadt, die kein richtiges Zentrum mehr hatte. Unsere Faszination gegenüber der Poesie von Ruinen ließ seinerzeit gar nicht den Gedanken aufkommen, einen Blockrand wiederherstellen zu wollen.

Mit dem Fall der Mauer waren wir plötzlich mittendrin in der Stadt, in der Friedrichstraße, in dem strukturell noch immer intakten Raster der Friedrichstadt, und da konnte es dann nicht mehr darum gehen, architek-

tonische Skulpturen hinzustellen, sondern da muss man gute Fassaden entwerfen. Da geht es darum, die Oberfläche der Stadt als Herausforderung zu begreifen. Aber was ist eine Fassade? Es ist ein Relief, das die Masse, das Volumen, den Monolithen dahinter in der Fläche spürbar werden lässt.

Und im Weiteren kommen wir dann zu den verschiedenen Materialien der Fassaden, die eine je unterschiedliche Reaktion erfordern: Stein, Backstein, Putz – mehr gibt es eigentlich nicht. Putz hat immer noch die größte Faszination, er ist fugenlos. Vielleicht hat das für mich auch mit der Berliner Tradition der Putzfassaden zu tun, doch kann man heute ein Haus mit verputzten Außenwänden in der Weise, wie mir das vorschwebt, nur mit relativ großem Aufwand konstruieren. Das wird schnell sehr teuer, wenn man die Finger lässt von Styropor und Silikon, weil man dann durch die mineralische Kerndämmung einen zweischaligen Wandaufbau benötigt ...

... der dann nicht mal teuer aussieht im Sinne des Repräsentationswunsches seitens des Bauherren ...

... ja genau, er sieht nicht mal teuer aus, dafür birgt er aber in sich jede Menge Probleme. Und wegen Haarrissen, die früher niemanden interessiert haben, führt man heute Prozesse.

Ihre Ausführungen zum Haus als Kondensat einer Körperlichkeit in der Fläche und zur Fassade als das Gesicht eines Hauses wären erneut Hinweise auf das, was wir das „Symbolische" im Werk nennen können. Heidegger umschreibt das „Symbolische" dabei als „dieses Eine am Werk, was ein Anderes offenbart"[7]*. Nun haben Sie ausgeführt, dass dieses „Andere" bei Ihnen immer ein „architektonisch Anderes" ist. Der Symbolcharakter Ihrer Architektur wäre demnach zu verstehen im Sinne eines fiktiven Blickes auf das Ideelle der Konstruktion. Dies aber nicht im Sinne von Transparenz, sondern im Sinne der Konstruktion von Architektur als eine klassische Kunstform, in der Tragen und Lasten, Dauer und Vergehen, Konstruktion und Handwerk gleichwertig nebeneinander zum Ausdruck kommen.*

Ich sagte ja bereits, dass ich auch das Künstlerische der Architektur in der Architektur selbst ansiedle, und nicht an einer wie auch immer gearteten Sublimierung der Architektur durch künstlerische Strategien interessiert bin. Architektonische Schönheit ist auch keine Kunstschönheit. In meinen Augen ist all das, was sich von dieser tradierten Auffassung von Architektur frei macht, keine Architektur mehr.

Umgekehrt kann man natürlich behaupten, meine Auffassung einer gewachsenen Architektur sei anachronistisch, sie habe heute keine Daseinsberechtigung mehr. Vielleicht braucht eine zukünftige Gesellschaft auch insgesamt keine Architektur mehr. Vielleicht reichen ihr dafür irgendwelche Gehäuse, die nach Prinzipien der Autoproduktion hergestellt werden, eben wie Le Corbusier das seinerzeit vorgedacht hatte.

Und damit wären wir dann beim Zeugbegriff, der im zwanzigsten Jahrhundert weiträumig und in verschiedener Form Eingang in das Bauen genommen hat.

Kommen wir aber von den Oberflächen der Stadt nochmals zu den Oberflächen der Räume, Innenräume, Wohnräume zurück und in diesem Zusammenhang nochmals auf Ihren angesprochenen Text zur Ausstellung in der Galerie Hetzler. Sie beschließen Ihre dort ausgeführten Gedanken mit der Frage, ob wir nicht über die Oberflächen wieder zu einem anderen Objektcharakter oder einer neuen „Dinglichkeit" in der Architektur finden können, und zwar durch „die Transfiguration des Kunstwerkes zum gewöhnlichen Gegenstand." [8] *Das ist ja eine wesentliche und offene Frage, die Sie darin ansprechen. Zudem erkenne ich darin erneut eine bemerkenswerte Parallele zu Heidegger, der in „Der Ursprung des Kunstwerkes" auch meint, man könne nur über das Werk – nicht aber über das Zeug – wieder zu einer Ursprünglichkeit des Dinglichen zurückfinden. Wie aber könnte diese neue „Dinglichkeit" in Ihren Augen aussehen?*

Was seinerzeit noch als ein unerfülltes „Als-ob" im Raum stand, was damals also noch Modellcharakter hatte, das haben wir mittlerweile ja eingelöst in unseren Villenbauten, bei der Villa Gerl hier in Berlin, bei der Villa Dornier in München. Das haben wir realisiert. Dabei sind Räume entstanden in der architektonischen Kontinuität von Otto Wagner, Adolf Loos, Bruno Paul. Und wir haben gezeigt, dass man so etwas in der Materialisierung, in der Wirkung, im Zusammenspiel von Form und Licht auch heute noch machen kann, das es hinter dem, was die Architektur als Metier einmal war, auch heute nicht zurückbleibt. Man darf sich dabei natürlich auch nicht blenden lassen durch die Augenwischerei des Begriffes der Ökologie im Bauen – eine solide, gute Architektur war immer ökologisch, einfach aufgrund ihrer Langlebigkeit.

Was also damals noch als ein galeristisches Kunstobjekt in der gemeinsamen Ausstellung mit Gerhard Merz eine reine Absichtserklärung war und in sich auch eine gewisse Polemik beinhaltete, ist längst Realität geworden. Ich denke daher schon, dass wir den architektonischen Zeitgeist mittlerweile auch umgekehrt im Sinne einer neuen „Dinglichkeit" beeinflusst haben.

Ich gebe Ihnen dazu gerne noch ein weiteres Beispiel: In der erwähnten Rauminstallation in der Galerie Hetzler hatten wir auch einen Murano-Leuchter über den Tisch gehängt. Ein Murano-Leuchter galt in der allgemein ästhetischen Betrachtung der neunziger Jahre so ziemlich als das Piefigste, was man sich vorstellen konnte. Diesen Leuchter hatten wir aber schon zehn Jahre zuvor in Murano gekauft, wir hatten ihn in unserem Schlafzimmer hängen und haben ihn für diese Ausstellung nur ausgeliehen. Nochmal zehn Jahre später kamen dann Philippe Strack und Jean Nouvel und Herzog & de Meuron und wie sie alle heißen und haben den Murano-Leuchter auch wieder eingesetzt in ihren Innenräumen - auf ihre Weise ironisch, versteht sich. Aber heute hängt er auch wieder in den Wohnzimmern.

Der Murano-Leuchter musste also erst wieder befreit werden von diesem Geruch der Spießbürgerlichkeit. Aber wenn Sie heute einen Wohnraum einrichten, der diesen Namen verdient, und Sie mit elektrischem Licht arbeiten wollen, das eine wohnliche Atmosphäre schafft, dann landen Sie immer noch beim Murano-Glas. Die einzige Alternative dazu ist der böhmische Leuchter aus geschliffenem Glas - alles andere können Sie vergessen. Das ganze Design hilft Ihnen nicht weiter. Denn es kommt auf das Licht an, auf seine Brechung, auf nichts anderes. Am schönsten ist es immer noch mit Kerzen - und auch das haben wir schon gebaut.

Also ist die angesprochene „neue" Dinglichkeit der Architektur eine Objekthaftigkeit im Sinne eines Wiederfindens dessen, was es in der Architektur schon einmal gab und was darauf wartet, wieder entdeckt zu werden.

Das ist auch meine einzige Hoffnung für die Zukunft der Architektur. Das muss aber, damit wir uns richtig verstehen, nicht im Stile einer neuen Renaissance daherkommen, denn etwas wie die Renaissance wird es in dieser Einheitlichkeit nicht mehr geben. Aber ich denke, es wird immer wieder das Bedürfnis danach hochkommen. Und meine Hoffnung ist, dass es immer wieder Architekten und Bauherren geben wird, die sich mit dem Fragilen und mit dem Flüchtigen nicht zufrieden geben wollen.

Sie haben in unserem Gespräch mehrfach den Begriff des „Stiles" verwendet - welche Relevanz hat dieser Begriff für Sie?

Stil ist mir wichtig. Zunächst als allgemeiner Begriff: Stil kann man im menschlichen Verhalten auch als Synonym für Haltung begreifen; ohne Stil gibt es kein kultiviertes Zusammenleben. Stil im Sinne eines bewussten Verhaltens ist ganz selbstverständlich, das erwarte ich so auch von meinem Gegenüber.

Nicht interessiert bin ich dagegen an dem kunsthistorischen Stilbegriff in seiner Differenzierung von Renaissance, Barock, Klassizismus et cetera. Das hat heute keine Relevanz mehr. Ich bin im Gegenteil davon überzeugt, dass gute Objekte aus unterschiedlichen Epochen auch in einem Raum immer gut zueinander passen werden. Wenn man also mit einem erfahrenen Blick und einer geübten Hand Objekte auswählt und ein entsprechendes Licht einsetzt, dann vertragen sich die stilistisch unterschiedlichsten Dinge.

Darüberhinaus meine ich aber schon, dass man in Bezug auf den Stilbegriff von einer kontinuierlichen Arbeit erwarten kann, dass sich daraus ein eigener Stil abzeichnet, zumal wenn diese Arbeit sich schrittweiser Verbesserung verdankt und auf Verfeinerung abzielt.

Berlin, in Gesprächen im Juli und Oktober 2015

Anmerkungen

1 Hans KOLLHOFF, in: *huggenbergerfries, De aedibus,* Luzern: Quart Verlag 2016, 16.
2 Paul VALÉRY, *Eupalinos oder Der Architekt (1923),* Frankfurt/M.: Suhrkamp Verlag 1973, 99.
3 Ludwig MIES VAN DER ROHE, zitiert nach Fritz NEUMEYER, *Mies van der Rohe, Das kunstlose Wort,* Berlin: Siedler Verlag 1986, 280.
4 Martin HEIDEGGER, *Der Ursprung des Kunstwerkes (1935/36),* Stuttgart: Reclam Verlag 1965, 31ff.
5 Le CORBUSIER, *Ausblick auf eine Architektur (Vers une Architecture, 1922),* Basel: Birkhäuser Verlag 1973, 75.
6 Hans KOLLHOFF, *Architektur ist Konvention (2003),* in: Kollhoff, *Das architektonische Argument, Texte und Interviews,* Zürich: GTA Verlag 2010, 191–198, hier: 193.
7 HEIDEGGER, *Ursprung des Kunstwerkes,* wie Anm. 3, 10.
8 Hans KOLLHOFF, *Werk, Bauen und Wohnen (2003),* in: Kollhoff, *Das architektonische Argument, Texte und Interviews,* Zürich: GTA Verlag 2010, 213–220, hier: 219.

Bildlegende und Copyrights

S.125 Wohnbebauung „KNSM-Eiland“, Amsterdam, 1991-1994, © KOLLHOFF
S.133 Installationsansicht der Ausstellung „Baukunst des Schattens“, ETH Zürich Zentrum, 2002, © KOLLHOFF
S.134/135 Installationsansicht der Ausstellung „Hans Kollhoff - Gerhard Merz“, Galerie Max Hetzler, Berlin, 1997, © KOLLHOFF
S.139 Villa Gerl, Berlin-Dahlem, Innenraum, 1999-2001, © KOLLHOFF
S.141 Wettbewerbsentwurf für das Ethnographische Museum, Frankfurt/Main, 1987, © KOLLHOFF
S.143 Hauptverwaltung der Landeszentralbank Leipzig, 1993-1996, © KOLLHOFF

Biographische Notiz

Hans Kollhoff (*1946) studierte Architektur in Karlsruhe und an der Cornell University (USA/NY). Seit 1978 führt er sein eigenes Architekturbüro in Berlin, zunächst in Partnerschaft mit Arthur Ovaska, von 1984 bis heute gemeinsam mit Helga Timmermann. Neben seiner Arbeit als Architekt, die in unterschiedlichen Maßstäben ein breites Œuvre von dezidiert großstädtischem Charakter hervorgebracht hat, ist Kollhoff seit den achtziger Jahren einflussreich in der Architekturlehre tätig. Nach ersten Gastprofessuren an der HfbK Berlin und der Universität Dortmund ist er von 1990 bis 2012 ordentlicher Professor für Architektur und Konstruktion an der ETH Zürich. In den Jahren seiner Lehre hat er die Architekturausbildung der ETH maßgeblich geprägt. Daneben bezieht er regelmäßig in Texten und Essays in Tageszeitungen, Zeitschriften und Büchern zum Status Quo der Architektur Stellung.

Idee + Sinngebung = Werk
Denken in der Ordnung der Konstruktion
Ein Gespräch mit Valerio Olgiati, Flims

Im Werk sehe ich eine Aussage enthalten - eine Aussage zur Architektur.
Valerio Olgiati

Tom Schoper: In seiner Schrift „Der Ursprung des Kunstwerkes" (1935/36) hat der Philosoph Martin Heidegger versucht, das Wesen des Kunstwerkes über die Abgrenzung von den Dingen des Alltags herauszustellen. In unserem Gespräch soll es nun zum einen um die Frage gehen, ob die von Heidegger angeführten Begriffe „Werk", „Ding" und „Zeug" auch auf die Architektur übertragbar sind und ob sie dort überhaupt eine Relevanz haben. Zum anderen möchte ich dieses Gespräch führen, um am Beispiel Ihrer Bauten wie auch Ihrer Aussagen zur Architektur einer aktuellen Charakteristik des architektonischen Werkes nahezukommen.

Valerio Olgiati: Ich denke, ich begreife ziemlich gut, wie die Begriffe nach Heidegger gemeint sind. Ich glaube aber auch, dass Sie nicht viele Architekten finden werden, die sich dazu äußern, ganz einfach, weil Architekten anders arbeiten. Die Dreiheit, die Sie hier erwähnen, habe auch ich mir selbst in dieser Weise noch nie durch den Kopf gehen lassen. Ich begreife die Differenzierung als eine philosophische Betrachtung. Interessant ist daher der Gegenblick als Macher auf das Entwerfen - möglicherweise auch unter diesen drei Begriffen.

Was möchte ich als Architekt denn erreichen? Ich möchte ein Werk herstellen. Um den Modus der Anwendung oder des Gebrauchs, worin sich das Zeug ja in seinem Wesen charakterisiert, kommen wir als Architekten nie herum, Architektur ist in diesem Sinne angewandte Kunst ...

... weil sie dient, weil sie nutzt, weil wir sie gebrauchen. Aber Sie als Architekt sind doch sicherlich nicht damit einverstanden, dass ein von Ihnen entworfenes Objekt in seinem Gebrauch quasi „unsichtbar" wird, wie dies Heidegger für das „Zeug" charakterisiert. Ich denke, dass gerade für den Architekten die Herausforderung darin besteht, aus seinem Entwurf mehr zu machen als ein bloßes Zeug. Und deswegen wäre ich interessiert daran, von Ihnen zu hören, ob Sie die eigenen Objekte eher als „symbolisch verweisend" auffassen, was dem Charakter des Werkseins entspräche - oder als „selbstbezogen", worin wir den Charakter des Dingseins erkennen

könnten. Unter dem Ding in der Architektur verstehe ich ein Objekt, das auf nichts anderes verweist als sich selbst, ein Objekt, das quasi hermetisch und stumm vor uns steht. Ein Ding ist so selbstbezogen, dass wir nicht einmal einen Begriff dafür haben; hätte es einen Begriff, dann wäre es ja schon kein Ding mehr.

Vielleicht können wir zum besseren Verständnis eine Analogie aus der bildenden Kunst heranziehen: Wie würden Sie zum Beispiel Jackson Pollock in seinem Schaffen auffassen: als Künstler von Werken oder als Künstler von Dingen? Und im Vergleich dazu Gerhard Richter? Beide schaffen ja abstrakte, ungegenständliche Bilder.

Hmh … Indem Jackson Pollock die Farbe auf die Leinwand tropfen lässt, ist sie das, was sie ist: ein Farbtropfen, eine Farbspur, quasi die Farbe selbst. Richters abstrakte Bilder dagegen eröffnen, selbst in seinem ungegenständlichen Œuvre, den Anschein auf etwas Anderes dahinter – vielleicht weil sie auf andere Weise ungegenständlich sind. Als Betrachter fühle ich mich bei den Bildern von Richter immer aufgefordert, darin zu lesen, um etwas Verborgenes darin zu erkennen, auch wenn ich weiß, dass Richter die Farbe in vielen Schichten mit dem Rakel über die Leinwand zieht und dabei gar nichts Konkretes, nichts figürlich Erkennbares herzustellen sucht.

Ich sehe es so: Richter schafft Werke, die klassischen Bilder Pollocks sind in ihrem Charakter eher Dinge.

So früh würde ich diese Entgegensetzung noch gar nicht festschreiben wollen. Aber vielleicht können wir festhalten: bei Richter suche ich als Betrachter nach einer Bedeutung jenseits der Farbe, bei Pollock ist die Farbe selbst die Bedeutung.

Sie argumentieren dabei aus der Perspektive des Betrachters. Mich interessiert natürlich immer auch die Sicht des Machers.

In meinen Augen ist es weniger eine Perspektive des Betrachters nennen als eine Perspektive des Werkes selbst.

Ich werde nun versuchen, Ihnen zu sagen, was ich als gute, als „große“ Kunst aus der Sicht des Machers ansehe: gute Kunst ist, wenn jemand etwas macht, das noch nie jemand vor ihm gemacht hat, oder was noch nie jemand vorher gesagt hat, was noch nie jemand vorher gedacht hat. Alles andere ist nur Technik, oder Anwendung von Technik. Wenn wir in Ihrer

Sprache bleiben wollen, dann schafft auch ein Künstler, der nichts Neues hervorbringt, sondern nur nachmacht, kein Werk - er schafft ein Zeug.

Das gilt auch für die Architektur. Wenn der Architekt nicht danach strebt, etwas wirklich neu zu denken oder etwas neu zu sagen, dann entsteht daraus Zeug, oder mit meinen Begriffen gesprochen: dann ist das Technikeraktivität oder Dienstleistertum. Das ist für mich als Inhalt total uninteressant. Im Werk dagegen sehe ich eine Aussage enthalten - eine Aussage zur Architektur.

Wenn ich nun nochmals Ihre Definition von „großer" Kunst aufnehme und diese auf die Architektur zu übertragen versuche, dann frage ich mich allerdings, ob in den beiden Disziplinen dieselben Parameter gelten: denn das komplett „Neue" schafft doch zunächst Irritation. Ist aber Irritation durch Neuheit ein Qualitätskriterium in der Architektur?

Ich sehe das in Bezug auf mein absolutes Verlangen nach einer Aussage in der Architektur. Die Aussage steht über allem. Sie steht über moralischen Fragen, über sozialen Fragen. Als geistig arbeitender Mensch sehe ich mich grundlegend aufgefordert, über das Werk eine Aussage zur Architektur zu treffen. Das spricht sich leicht aus, erscheint ganz einfach, es produziert in der zeitgenössischen Betrachtung aber sehr häufig eine starke Kritik. Und das kommt in meiner Auffassung daher, weil man den Architekten am Ort des Zeugs halten möchte und für die entgegengesetzte Haltung werde ich, speziell im angelsächsischen Raum, als ein Werk-Architekt eben sehr kritisiert, weil ich mir in der Sichtweise der Kritiker etwas herausnehme, das nur dem Künstler vorbehalten zu sein scheint. Mir als Architekt wird das offenbar nicht zugestanden. Wenn Sie nun an die Architekturschulen blicken, dann werden dort heutzutage in erster Linie Dienstleister herangezogen. Und wenn ein Dienstleister Architektur herzustellen sucht, kommt nichts anderes dabei heraus als ein Zeug ...

... ein Zeug mit einer möglicherweise ästhetischen Oberfläche ...

... ja, vielleicht mag es noch ästhetisch gesprochen „schön" oder ansehnlich sein, was weiß ich. Aber vom Dienstleister werden Gebäude nur aus Problemstellungen zusammengesetzt, er reagiert sozusagen jeweils anekdotisch. Es gibt keine übergeordnete Absicht, die schon vorhanden war, bevor er mit dem Entwurf begonnen hatte.

Demgegenüber zielt Ihre eigene Haltung auf etwas, was nicht nur die Oberfläche bestimmt, nicht nur das ästhetische Wahrnehmen eines Gebäudes, sondern das Gebäude als Ganzes durchdringt.

Der Unterschied zwischen einem Dienstleister und mir ist der, dass ich, schon bevor das Projekt physisch zu werden beginnt, einen Gedanken habe, der das Projekt bestimmen wird. Das ist es, was ich die Idee in einem Entwurf nenne.

Ihre Vorstellung der Idee erscheint in diesem vorbestimmenden Charakter vergleichbar mit dem platonischen Ideebegriff, der quasi prä-existiert und für den wir als Handwerker, Architekten oder Künstler existieren, eben um diesen göttlichen Gedanken zur Umsetzung zu bringen. Hat dieses platonische Modell für Sie Gültigkeit?

Unbedingt.

Um kurz bei Platon zu bleiben: auch der Technikbegriff geht ja auf die griechische Philosophie zurück, wo dieser als „téchne" die ursprüngliche Weise des Denkens im Sinne eines „Hervorbringens" beschreibt. Der uns geläufige Begriff der Technik hat sich demgegenüber quasi verselbständigt. In dem heutigen Verständnis kommt, wie Heidegger sagt, vor allem „die instrumentelle und anthropologische Bestimmung"[1] *von Technik zum Ausdruck. Wir sehen Technik also ausschließlich in der Bezugnahme auf den wie auch immer gearteten Nutzen und Gewinn für den Menschen – analog zu Heideggers Zeugbegriff und ebenfalls nicht unähnlich Ihrer Kritik an den Dienstleistern der Architektur in ihrer Produktion von Zeug.*

Wenn ich etwas mache, dann geht es nicht darum, vordergründig jemandem oder etwas zu dienen oder das Denken unmittelbar abzubilden oder im Entwurf irgendein Bild zu repräsentieren. Es geht darum, etwas abzubilden, was in der Architektur einen Sinn ergibt. Das Denken produziert Sinn im Werk. Es sind Betrachtungen, die einer Idee folgen, einem Begriff, der sich durch alle Entscheidungen durchzieht. Ich werde Ihnen ein konkretes Beispiel nennen:

Derzeit plane ich ein Haus für meine Frau und mich in Portugal. Es soll kein Ferienhaus sein, es soll ein Haus sein zum Arbeiten und zum Ausruhen. Wir haben ein Stück Land gekauft, auf dem etwa viertausend Korkeichen stehen. Speziell für dieses Stück Land planen wir nun ein Haus. Wobei „Haus" vielleicht schon der falsche Begriff hierfür ist, weil er ein bestimmtes Bild erzeugt. Was ich nämlich will, ist kein Haus, sondern ein Garten - darum baue ich ja in dem südlichen Klima. Bevor ich ein Dach über dem Kopf haben will, will ich den Garten haben. Das eigentliche Haus aber, das uns vor dem Klima schützt, vor dem Regen und vor den Tieren, das verstecke ich. Was für den Betrachter zunächst sichtbar sein wird, ist ein Garten, ein *hortus conclusus.* Ein Besucher, der die Pläne von diesem Garten nicht kennt, der kommt gar nicht darauf, dass sich hier noch ein Schlafzimmer oder ein Wohnzimmer befinden, eben weil das Haus wie ein Garten anmutet. Sogar innen im Haus stehen Bäume, so dass man auch im Blick von außen eher den Garten sieht als das Haus.

Es werden drei Bäume im Garten gepflanzt. Es sind Bäume, die im Koran beschrieben sind: eine Dattelpalme, ein Granatapfelbaum, ein Mandelbaum. Nur diese drei Bäume pflanze ich in diesem Innenraum, der Rest bleibt leer. Im Koran ist der Garten als ein Objekt der Begierde am stärksten ausgebildet, mehr als in allen anderen Kulturen - daher die Beziehung auf den Koran. Die Idee für diesen Entwurf basiert auf diesem Begriff des Gartens, alle Entscheidungen sind an diesem zu messen, sind diesem unterworfen; ich kann keine Entscheidung fällen, die gegen die Idee des Gartens verstößt. Dabei ist die Idee nicht moralisch zu verstehen im Sinne von gut oder schlecht - sie ist schlicht Grundlage des Konzeptes.

Sie meinen damit, dass Sie die Idee nicht moralisch aufzuladen versuchen, weil dieses dann auch ein menschlich-soziales Urteil nach sich ziehen würde, was uns aber in der Beurteilung von Architektur in ihrem eigenen Kontext nicht weiterhilft. Gehe ich im Umkehrschluss dann zu weit in der Vermutung, dass Sie mit diesem vehementen Verfolgen der genannten Konzept-Idee so etwas wie eine „Wahrheit" im Werk verfolgen - Wahrheit im Sinne einer selbstbezogenen Gesetzmäßigkeit?

Zunächst müssen Sie verstehen, dass ich nicht philosophisch argumentiere, sondern gemäß meiner persönlichen Auffassung. In dieser Auffassung ist Wahrheit für mich etwas, das Qualität im Moment hat. Wahrheit ändert sich mit der Bewegung.

Dann fassen Sie den Begriff von Wahrheit also nicht absolut auf, sondern bezogen auf ein momentanes Ereignis, auf ein subjektives Erfasstsein eines Gedankens an Wahrheit? Wenn ich kurz ausführen darf: Heidegger fasst den Wahrheitsbegriff ja nicht in unserem Sinne von Eindeutigkeit, von Klarheit auf - was in seiner Ausführung der lateinischen „veritas" entspricht -, sondern nach dem altgriechischen

Begriff der „aletheia". Dies bedeutet wörtlich übersetzt: Un-Verborgenheit. Er ist zwar in unserem Gebrauch Synonym für die Wahrheit, beinhaltet aber in sich eine doppelte Verneinung. Die Wahrheit als „aletheia" ist also in ihrem Ursprung eine Verborgenheit, die zur Un-Verborgenheit kommt; sie bezieht ihren Gegenpol, ihre Nichtvollkommenheit, bereits in ihrem Wesen und in ihrem Begriff mit ein.

Kommen wir zurück auf Ihre Architektur. Da glaube ich eben diese Form einer „Un-Verborgenheit" in manchen Ihrer Gebäude wahrzunehmen: ich meine damit versteckte Motive, die nicht sofort und nicht ganzheitlich aufscheinen, die aber dem architektonischen Ganzen zu Grunde zu liegen scheinen. Wenn ich hier als Beispiel den Plantahof Hörsaal in Landquart (2008-2010) anführen darf: dieser zeichnet ja in seinem Querschnitt mit dem steilen Pultdach quasi ein „halbes" Haus nach; nun bringen Sie den schrägen konstruktiven Stützpfeiler ein, der in seiner 45°-Neigung das Haus durchstößt und dann rechtwinklig auf die große Dachfläche stößt. Der schräge Balken vervollständigt damit – wiederum im Querschnitt – den Umriss eines klassischen Hauses; dieses aber nicht konkret als Raumwahrnehmung, sondern nur in einem Moment, als eine Projektion von Schnittebenen auf der Wandfläche. Ist das ein solcher „Moment der Wahrheit" für Sie?

Es ist interessant, dass Sie den Plantahof Hörsaal so interpretieren. Ich habe mir das so nie überlegt. Meine Absicht an diesem Gebäude ist einerseits ganz unterschiedlich, aber andererseits sehr ähnlich, sehr analog zu Ihrer Deutung.

Der Ursprung im Entwurf für den Plantahof Hörsaal liegt in meinem Wunsch, einen perfekten Hybrid zwischen Skelettbau und Massivbau machen zu wollen. Und zwar nicht als eine Collage, sondern als Durchdringung der Prinzipien, so dass man gar nicht weiß, wo der Skelettbau anfängt und wo der Massivbau aufhört. Indem ich den Stahlbeton auf Druck und auf Zug beanspruchen kann, vermag ich die Flächen, die eigentlich murale Qualitäten haben, entgegen ihrer Erscheinung auf Zug zu beanspruchen. Und die Beanspruchung der Elemente auf Druck oder auf Zug, also nach den Prinzipien des Massivbaus oder des Skelettbaus, wechselt im Gebäude an verschiedenen Stellen. Wenn Sie die Balken also aus dem Gebäude herausnehmen, bricht das Gebäude in sich zusammen. Damit habe ich für mich einen perfekten Hybrid gefunden – es mag auch andere Möglichkeiten geben, aber dies ist meine Auffassung davon. Das ist bis heute mein ambitioniertester Bau, was die technischen Möglichkeiten im Beton angeht. Wenn Sie das Gebäude von außen betrachten, haben Sie diesen Stemmbalken, der schräg aus dem Gebäude herauskommt. Wenn

Sie den Bau nicht kennen, dann können Sie das nicht begreifen – auch mit dem Verstand nicht. Und wenn Sie es nur von innen sehen, können Sie es auch nicht begreifen. Sie müssen das Innere und das Äußere in Ihrem Kopf zu einer Ganzheit zusammensetzen, um es zu begreifen – erst dann verstehen Sie, wie es in der Frage der technischen Ordnung, der strukturellen Ordnung funktioniert. Es ist einerseits verunklärend, aber trotzdem konstruktiv in sich schlüssig.

Sie sagen, ein Ausgangspunkt für den Hörsaal war der Hybrid zwischen Skelettbau und Massivbau. Ist das die Idee, die dem Bau zugrunde liegt? Ich muss hier nochmals nachfragen, denn zwischen den von Ihnen genannten Beispielen eines „Hauses als Garten" und eines „Hauses als konstruktiver Hybrid" besteht in meinen Augen eine inhaltliche Differenz: der Begriff des Gartens folgt einem Sehnsuchtsbild im Sinne einer „ästhetischen Idee", der Begriff des Hybrids beschreibt ein Konstruktionsprinzip im Sinne einer „Vernunftidee".

Ob „ästhetische Idee" oder „Vernunftidee" – der Hybrid ist der Ausgangspunkt im Entwurf für Landquart gewesen. Es ist eine Frage des architektonischen Anspruches – und beim Anspruch kommt dann Moral ins Spiel, weil es dann um das Durchhalten dieser Idee geht.

Wenn ich das mit der beschriebenen Idee des Hauses in Portugal als Garten vergleiche, dann möchte ich hier eben ein Sehnsuchtsbild, eine Hoffnung verfolgen, und mit der Umsetzung dann ein Lebensgefühl erzeugen. In Landquart geht es um etwas anderes, nicht um Lebensgefühl oder Sehnsucht: die Bauaufgabe ist ein Auditorium, es gibt eigentlich nichts Langweiligeres als ein Auditorium – viereckige Schachteln, die technisch korrekt ausgestattet werden müssen. Hier habe ich also im Gegensatz zum Sehnsuchtsmotiv eine Forschung in Beton angewendet, der Nutzen stand hier nicht im Vordergrund. Aber mit meinem Werk, mit dem Denken über „Ordnung" in der Konstruktion, habe ich dem Plantahof einen Ausdruck von „Kultstätte" gegeben.

Verstehen Sie Ordnung als sichtbare Struktur oder als immanentes Ganzes?

Vergleichen wir das Haus Bardill (2002–2007) mit meinem eigenen Atelierhaus (2003–2007), in dem wir hier gerade sitzen. Ich habe die beiden Gebäude ungefähr zur selben Zeit entworfen. In beiden verfolge ich eine je differenzierte Betrachtung von Ordnung. Differenziert auch deshalb,

weil kein Ort und keine Nutzung jemals gleich sind. Wenn ich also diese Gebäude in ihrem Ergebnis vergleiche, so komme ich zu der Auffassung, dass ich in dem Haus Bardill selbst nicht arbeiten könnte. Es ist zu emotional oder emotional zu stark ergreifend oder zu stark besetzend, zu expressiv. Das ist keine Wertung der Entwürfe im Sinne von gut oder weniger gut, sondern im Sinne der Bezugnahme auf den Nutzer und dem, was dieser sich davon verspricht.

Worin sehen Sie diese starke Emotionalität?

Es ist die Farbe, die Ornamentik, die auf die rurale, naive Kultur verweist, die ein Zitat ist, das eine ganze Welt von Assoziationen eröffnet. Dabei baut das Haus eigentlich einen Stall nach, einen Stall, der ein reines Zeug ist. Ich habe also das Zeug verwandelt in ein Werk. Aber dennoch glaube ich, dass ich in einem Raum von dem Charakter dieses scheinbar zufällig Gewachsenen, dieses Akzidentistischen, dieses Unakademischen, selbst nicht arbeiten könnte. Der Raum, in dem ich arbeite, beeinflusst ja auch mein Denken und damit meine Arbeit.

Bei dem Entwurf für mein Atelierhaus stand ich vor der gleichen Aufgabe: auch hier gab es einen Stall, der nachgebaut werden musste. Aber dieses hier ist sozusagen ein Stall in einer anderen Kultur. In Scharans im Domleschg, wo das Haus Bardill steht, sind die Ställe Mischbauten in Stein und Holz. Hier in Flims dagegen sind die Ställe reine Holzbauten. Darauf nehme ich schon im ersten Entwurfsgedanken für das Atelierhaus Bezug: so habe ich einen Bau konzipiert, der in sich total logisch zusammengesetzt ist – ein quasi akademischer Typus, den ich vergleichen könnte mit einem Shinto-Schrein. Er trägt die gleiche Stringenz an Logik in sich. Die Ställe hier sind meist quadratisch, bauen auf einer Grundfläche von ca. 12x12, manchmal auch 12x18 Meter auf, weil man die Tannen im Wald auf maximal dieses Maß schneiden konnte.

Dieses Maß deckt sich im Grundriss mit der Reihung von Kuh – Mittelgang – Kuh, und darüber finden Sie eine Fläche vor, auf der Sie die notwendige Ration Heu für die darunter befindliche Anzahl von Kühen für einen Winter lagern können. Eine in sich unglaublich schlüssige Beziehung. Diesen Stall musste ich für mein Atelier abreißen. Ich musste in Holz bauen, Beton war ausgeschlossen, weil das Grundstück zur Dorfkernzone von Flims gehört. Auf dieser Basis gründet sich die Ordnung des Atelierhauses – ich möchte in meinem Arbeiten umgeben sein von einer

Ordnung, einer abstrakten Ordnung, die hier das für mich Sinnstiftende ist. Das Haus ist quadratisch, es ist symmetrisch, es ist achsial punktsymmetrisch, und seine Mitte ist besetzt.

Übrigens liegt in dem Besetzen der Mitte der große Unterschied zwischen der islamischen und der abendländischen Architektur. In der christlichen Architektur bewegen Sie sich immer innerhalb der gegebenen Raum-Ordnung, Sie werden dabei ein Teil dieser Ordnung, und der Mensch beansprucht sozusagen für sich die Mitte als begehbare oder besetzbare Fläche. In der islamischen Architektur befinden Sie sich außerhalb der Ordnung des Hauses, die Ordnung spüren Sie immer nur als Konstruktion um sich herum, Sie sind aber nicht wirklich ein Teil davon, weil Sie nie in der Achse stehen, denn die Mitte ist durch die Architektur besetzt. Das habe ich hier so übernommen. Die Mitte ist besetzt, es gibt keine Möglichkeit, die Mitte selbst aktiv zu besetzen, wenngleich die Ordnung das Gebäude durchdringt, fast wie ein Tempel.

Um also zurückzukommen auf Ihre Frage nach Ordnung: Das, was der Architekt machen kann, ist primär die Ordnung. Natürlich, er kann eine Symphonie der Materialien schaffen, aber zunächst muss er eine Ordnung haben - immanent und sichtbar, d.h. erlebbar.

Im Gegensatz zu dieser inneren Ordnung arbeitet das Haus Bardill mit einem ganz anderen Thema, mit einer anderen Idee: es ist die Differenz von Innen und Außen. Entstanden ist diese Idee aus dem Umstand, dass wir auch in Scharans den Stall, der vorher an der Stelle des jetzigen Gebäudes stand, exakt in seinen Umrissen nachbauen mussten. Dieses Raumvolumen wäre für den Musiker Linard Bardill aber zu groß gewesen. So kamen wir zu der Idee der Differenz von Innen und Außen, also zu einem Haus, das fast zu zwei Dritteln aus einem offenen Innenhof besteht, der von einer Deckenscheibe mit einer ellipsoiden Öffnung bestimmt wird. Auf die aufsteigenden Wände um den Hof herum habe ich eine kurze Verschalung anbringen lassen, damit das Gebäude nicht aussieht wie eine Ruine. Denn die Ruine ist ja nicht das Thema beim Haus Bardill.

Das heißt, für Sie sah das Haus unfertig aus?

Unfertig, ja. Und die damit einhergehende Ruineninterpretation hat sich sehr stark in den Vordergrund gedrängt, das hatte ich mit dem Entwurf aber gar nicht intendiert. Als sich der Hof dann gebildet hatte mit den aufsteigenden Giebelwänden und den daran befestigten kurzen Vordächern, da habe ich gemerkt, dass man dann plötzlich andere Häuser dahinter assoziiert. Und jetzt stehe ich in einem Hof, der von Wänden umgeben ist, und man hat den Eindruck, dass man von Volumen umgeben ist, als wäre man also in einer Stadt oder in einem Dorf auf einem Platz.

Die kleinen Vordächer vollziehen damit also eine Art Indifferenz von Wand und Volumen, von innen und außen.

Somit bin ich nicht von einer zweidimensionalen Wand umgeben, sondern von einem Volumen, von der Anmutung an ein Haus, fast von einer Stadt - das hat etwas sehr Metaphysisches an sich. Und das ist ein Motiv, das sich auch bei unserer Villa im Alentejo finden wird: auch hier sind die den Garten umgebenden Wände mehr als nur zweidimensionale Wände, sie klappen an ihrer Oberkante hinein oder hinaus, und so können sie auch als Dächer von anderen Häusern gelesen werden.

Das ist ein Phänomen, das ich an mehreren Ihrer Entwürfe wahrnehme: die Eindeutigkeit der Trennung von innen und außen ist aufgehoben, auch und gerade durch die Behandlung der Oberfläche der Wand, die auf beiden Raumseiten gleich ausfällt.

Ich werde Ihnen erklären, wie ich darauf gekommen bin. Bei dem Schulhaus in Paspels (1986-1998) habe ich eine fünfzig Zentimeter dicke Betonwand mit differenzierten Oberflächen gebaut, außen eine klassische Schalung, innen eine Sperrholzschalung - weil ich das Innere sozusagen klassisch verfeinern wollte. Im Nachhinein habe ich das als sehr didaktisch, geradezu als einen Akademismus empfunden. Das sollte die Architektur aber nicht so zeigen. Ich habe das später eher bereut, einen Unterschied zwischen außen und innen gemacht zu haben, ohne das ausdrücklich zu beabsichtigen. Seitdem mache ich das nicht mehr.

Dahinter verbirgt sich ja auch eine gesellschaftliche Tradition, auch eine Konnotation: Innen darf es feiner sein als Außen, denn innen leben wir.

Dabei ist es ja das Schönste, auch im Inneren zu zeigen, dass man sich im öffentlichen Raum befindet. Das gleiche Phänomen ist natürlich hier in meinem Atelierhaus zu sehen und zu spüren: Ich mache innen und außen dieselbe Oberfläche der schwarz lasierten Holzbohlen, um einen verfei-

nerten Stall zu kommunizieren. Es sind recht ähnliche Charaktere in der Art und Weise, wie das Licht sich auf diesen dunklen Wänden bricht, wie man das auch von den Ställen der Umgebung kennt. Ich will mich hier im Inneren also nicht abkapseln, ich will auch hier im Außenraum sein. Ich empfinde das als wahnsinnig schön, wenn man auch im Privaten den Eindruck hat, dass man sich im öffentlichen Raum befindet. Und wenn ich außen bin, habe ich ebenfalls das Gefühl, im Innenraum zu sein. Das Material des Außen und des Innen miteinander zu verweben, das ist meine Intention. Das sieht man hier auch in der Behandlung der Bodenfläche in der Garage – sie ist bewusst aus Asphalt, wie auf der Straße draußen, auch wenn sich darunter Beton befindet. Wenn nun das Tor der Garage aufgeht, so kommt quasi das ganze Dorf zu mir hinein, es verbindet sich miteinander. Das macht das Ganze groß und großzügig.

Sie erkennen darin eine Form der phänomenologischen Aneignung für den Betrachter?

Über die Wahl der Formen und auch über die Auswahl der Materialien habe ich doch die Möglichkeit, mit dem Betrachter zu kommunizieren. Das ist übrigens auch ein Wesensmerkmal bei dem Wohngebäude in Zug (2006–2012). Das Große der elliptischen Formen im Außenraum im Verhältnis zur relativen Kleinheit der Wohnung, die selben Materialien innen und außen, all das zieht Innenraum und Außenraum zu einem Ganzen zusammen – und so haben Sie eine ganz deutliche Maximierung von erlebbarem Raum. Das wird dann als eine private Aneignung wahrgenommen, es wird als ein Raum gelesen. So kann ich die Räume zusammenschließen, auch wenn ein Glas dazwischen ist.

Und wenn man hinausblickt, sieht man durch die Ellipse wie durch ein Oberlicht in den Himmel – und man assoziiert: über mir kommt nichts mehr außer dem Himmel; ich fühle mich eben nicht wie in einem Massenwohnungsbau, der es ja eigentlich ist, sondern in jedem Geschoss habe ich den Eindruck, abgegrenzt für mich zu sein, wie in einem Bungalow oder in einem Penthouse.

Zudem schafft die vorgelagerte Schicht der Ellipsen einen Mittelgrund für die Wahrnehmung des Betrachters von innen nach außen: im Vordergrund befindet sich die Wohnung mit der persönlichen Einrichtung, im Hintergrund die Umgebung, also im besten Falle die Landschaft oder die Natur, und die Ellipse schafft den Mittelgrund zwischen diesen Ebenen – das ist eben der konkret formulierte Übergang

von Innen und Außen, von Vordergrund und Hintergrund. Der Mittelgrund ist doch im Bauen eigentlich immer nur das Fenster als Öffnung und als zweidimensionale Fläche – den Mittelgrund als Raumzone gibt es im Wohnen gar nicht mehr, deswegen stellen die Leute sich Blumen ins Fenster, damit das Auge etwas hat, woran es sich zwischen Nähe und Ferne festhalten kann. Und hier schaffen Sie einen Mittelgrund, der sich sicherlich nicht nachteilig verändern wird, weil man ja gar nicht hineinkommt in die leeren Ellipsen.

Zwischen Öffentlichkeit und Privatheit schafft das einen anderen Übergang, eine andere Trennung als diejenige, die wir üblicherweise kennen. Es geht mir eben darum, hier den klassischen Maßstab des Wohnens aufzusprengen, die Wohnung aus ihren gewohnten Dimensionen zu reißen.

Aber um nochmals auf die Form der Ellipsen selbst zurückzukommen: die Ellipse als Form hat ja interessanterweise keine gänzlich festgelegte Konnotation – anders als der Kreis, der für das Perfekte, für das Ideal steht. Sie ist im Gegenteil das Verzerrte, das Unperfekte, das bestenfalls auf das Vollkommene anspielen kann. Als Form kennen wir die Ellipse üblicherweise von Heiligenscheinen in den Bildern und Darstellungen der christlichen Kultur, in denen der Kreis zur Ellipse wird, diese aber durch das Gold der Darstellung quasi eine eigene, abstrakte Präsenz bekommt. Die Ellipse hier beim Wohnungsbau in Zug ist in diesem Sinne aufzufassen als ein abstrakter Gedanke, der in eine Alltagswelt eingefasst wird.

Kommen wir nochmals auf Ihr Thema der Ordnung zu sprechen: Sowohl für den Plantahof Hörsaal in Landquart wie für Ihr eigenes Atelier stellen Sie also die Ordnung über das zugrundeliegende Motiv. Bei Ihrem Atelier ist das Motiv ja quasi vorgegeben, es war unumgänglich, es wurde bereits mitgeliefert mit dem Vorgängerbau des bestehenden Stalles. In Landquart hat sich demgegenüber das Motiv aus der Ordnung des „Hybrids" ergeben? – Oder wie könnte man den Grund für das „halbe Hauses" in Landquart formulieren?

Die hohe Wand des Hörsaals in Landquart hat sich aus städtebaulichen Gründen ergeben.

Insofern ist dort die architektonische Form das Resultat der Überlegungen zur Ordnung und zur städtebaulichen Einfügung des Hauses. Und dann sind wir, um den Bogen wieder zu schlagen, bei anderen Voraussetzungen für die Formgebung als ich sie vorher gemutmaßt habe, als ich glaubte, das Motiv des Hauses im Querschnitt sei entwurfsprägend. Sie sagen nun aber, die ephemere Erscheinung des Hauses im halben Haus sei nur Resultat Ihrer Entwurfsüberlegungen …

Als Motiv war mir das natürlich bewusst. Aber ich habe das nicht zentral verfolgt. Das Interessante ist ja Folgendes: das Echo des halben Hauses ist das ganze Haus, und das Echo des Skelettbaus ist in meinem Fall dann der Massivbau. Die Betrachtungsebenen sind also sehr ähnlich zueinander, allerdings fehlt immer die andere Hälfte, das Komplementäre, das Korrelativ: in Ihrer Auslegung, die vom Motiv des Hauses ausgeht, wie auch in meiner Auslegung, die vom Konstruktionsprinzip ausgeht.

Über die von Ihnen genannten Ebenen gelangen wir unmittelbar zum Begriff des „Verstehens". Ich denke, dass es in der zeitgenössischen Architektur wenige Bauten gibt, auf die der Begriff des „Baugedankens"[2] *nach Hans-Georg Gadamer so zutrifft wie auf Ihr eben genanntes Beispiel des Plantahof Hörsaals von Landquart. Als Betrachter komme ich an den Ort und habe einen Bau vor mir, der von A bis Z durchdrungen ist von einem „Baugedanken". Den Weg des Verstehens zu beschreiten, bedeutet ja nun umgekehrt, diesen Baugedanken nachvollziehen zu können. Im Blick von außen kann ich nicht alles erschließen, im Blick von innen ebenso wenig - man braucht beide Sichtweisen auf den Komplex, um diesem auf den Grund seiner Konstruktion folgen zu können.*

Mir ist enorm wichtig, dass dieser „Gedanke" sinnstiftend, sinngebend, sinnmachend ist. Und das geht nur, wenn wir innerhalb der architektonischen Ordnung argumentieren. Ordnung an sich ist schon sinnstiftend, weil die Architektur, die in einer solchen Ordnung entsteht, den Charakter eines „Denkhauses" bekommt, wie ich an dem Beispiel meines Atelierhauses zu erklären versuchte. Das Haus Bardill dagegen ist ein Haus für einen Poeten. Bardill ist ein Poet, er zieht Kraft aus einem anderen Rahmen als ich. Er umgibt sich mit „Walhalla", das gibt ihm die Kraft, seine Gedichte zu schreiben. Ich könnte das nicht in einem solchen Umfeld.

Auch die Persönlichkeit des Nutzers ist also in dem Werk einbezogen?

Natürlich. Daher sind die Entscheidungsreihen für das Haus Bardill und für das Atelierhaus durchaus unterschiedlich. Ich selbst würde es eben nicht aushalten, wenn ich in meiner Umgebung immer mit instinktiven Entscheidungen konfrontiert wäre, die sich nicht aus einer schlüssig-rationalen Kette herleiten lassen. Hier, in meinem eigenen Atelierhaus, ist das grundlegend anders. Ordnung verstehe ich damit als eine sinngebende Grundidee.

Nicht sinngebend ist dagegen für mich die Art einer metaphorischen Auslegung von architektonischen Prinzipien, wie sie aktuell ja viele Architekten darlegen, wenn sie zum Beispiel erklären, warum sie in einem mehrgeschossigen Gebäude unten Backstein und oben Glas verwenden und dazu dann ausführen, unten sei das „Harte", oben sei das „Weiche", oder unten sei das „Schwere" und oben sei das „Leichte". Das kann kein Thema für eine Architektur sein, weil dieser Darstellung das Sinngebende fehlt. In dieser „Hart-Weich"-Differenzierung geht es nur um eine materialbezogene Metaphorik, die schlicht als ein Hilfsmittel in der Argumentation, in der Umsetzung oder sogar zur Selbstüberzeugung herangezogen wird.

Sinn resultiert bei Ihnen dagegen aus einer architektonischen Ordnung. Steht Sinn damit auch im Zusammenhang mit der Geschichte? Wenn Sie Ihre Villa in Portugal beschreiben mit den im „hortus conclusus" zu pflanzenden Bäumen, die schon im Koran erwähnt sind, dann ist das doch eine Bezugnahme auf Geschichte, die nicht nur die Architekturgeschichte betrifft, sondern die menschheitsgeschichtlich noch weiter zurückreicht – und die damit ein ganz anderes Feld der Betrachtung und der Bedeutung eröffnet, als es der metaphorische Kontrast „Hart-Weich" je könnte. Sie zielen durch den Geschichtsbezug nicht auf das subjektiv Interpretierbare, sondern auf das Eingebundensein des Artefaktes in einen größeren Kontext. Ist ein durchgehendes Motiv Ihrer Arbeit das Verhältnis von Mensch und Behausung?

Die Behausung ist eher ein Nebenprodukt, weil ich auch irgendwo schlafen und kochen will. Oder sagen wir: die Behausung ergibt sich, weil wir in dem Modus der Architektur denken und arbeiten. Es gibt einen brasilianischen Architekten, João Batista Vilanova Artigas, schon vor über zwanzig Jahren verstorben, der hat immer zuerst ein Dach gebaut. Nicht einfach, um der Schutzfunktion genüge zu tun, eher dafür, dass er mit dem Dach zunächst einen Ort geschaffen hat. Einen fast primitiven Stall – keine Wände, denn im brasilianischen Dschungel braucht es keine Wände, weil es keinen Wind gibt, es braucht Schatten und Schutz vor dem Regen. Was hat er nun gemacht, wenn er mehrgeschossige Gebäude entworfen hat? Er hat eine Rampe eingeführt. Rampe aber nicht wie bei Le Corbusier, wo sie dem ritualisierten Gehen dient, dieser so genannten „promenade architecturale", sondern als Rampe, die sich in ganzer Hausbreite als gefaltete Platte hinauffaltet. Es bleibt - trotz der Mehrgeschossigkeit seiner Bauten - bei dem Thema des Sockels, der uns gegenüber dem Boden abhebt, und der Dachplatte, die nach oben hin schützt.

In den Arbeiten von Vilanova Artigas erkenne ich so eine Art des disziplinierten ideenhaften Arbeitens wieder, geradezu archaisch. Sinngebung bei ihm ist die Reduktion auf das Schutzgebende für den Menschen mit den Mitteln der Horizontalen, bzw. der Variation über die Rampe.

Ist das nicht eine andere Sinngebung als die von Ihnen genannte Ordnung innerhalb eines Entwurfes. Geht es hier nicht eher um das Dach als durchgängiges Motiv?

Ich könnte mir schon auch vorstellen, so zu arbeiten: ein einziges Motiv, das Dach. Aber ich verfolge ja nicht ein zwanghaft durchgängiges Konzept. Ich glaube nicht an die immerwährende Konstante. Ich kann mir auch ganz andere Ausgangslagen vorstellen. Zum Beispiel sage ich ja immer, dass ich nicht skizziere. Nun - offen gesagt - stimmt das so nicht ganz. Mir geht es in dieser extremen Aussage um etwas Bestimmtes: ich skizziere wenig, ich skizziere nur dann, wenn ich ein geometrisches Problem zu lösen habe, das sich ergibt. Aber ich nähere mich eben nicht zeichnend an einen Entwurf an. Das mache ich nicht. In unserem Entwurfsprozess vollzieht es sich immer so: bevor wir beginnen zu zeichnen, sitzen wir hier an diesem Tisch und diskutieren die Idee zu diesem Projekt; ausschließlich verbal, nur mit Worten.

Dient dieser Diskurs über das architektonische Problem oder die architektonische Fragestellung dann auch dazu, vom allzu Subjektiven wegzukommen, hin zu einer Basis, die allgemeingültiger ist dadurch, dass mehrere unterschiedliche Personen an dem Diskurs teilhaben und die Grundidee dadurch noch weiter schärfen?

Das Ziel dieser Entwurfsmethode ist folgendes: wenn ich in Worte fassen kann, was ich machen will, ist das, was ich machen will, kommunizierbar. Dann hat es eine gewisse Wahrheit in sich, wenngleich diese empirisch ist. Wenn ich nur aus Instinkt heraus arbeite, ist gar nichts da an Wahrheit; oder es kommt dieser nur zufällig nahe.

Dazu kommt mir ein Zitat von Adolf Loos in den Sinn, der gesagt hat: „Gute Architektur muss beschreibbar sein. Das Pantheon ist beschreibbar. Secessionsbauten sind es nicht.“[3]

Dem stimme ich nur bedingt zu, weil Loos natürlich aus seiner Zeit heraus argumentiert Es gibt phantastische Secessionsbauten, welche sehr wohl beschreibbar sind.

Der wesentliche Grund, warum ich so arbeite, liegt darin, dass ich mir selbst nicht vertraue, wenn ich nur instinktgemäß vorgehe - und das wäre für mich das Arbeiten in Skizzen. Dann kann ich nicht über mich selbst hinauskommen. Ich kann eigentlich nur im Gespräch auf einen geistigen Höhenflug kommen - und das ist das Beste.

Dient das Entwurfsgespräch auch dazu, sich selbst zu hören, und sich im Hören zu reflektieren? Jacques Derrida hatte ja das Verhältnis von „Sprechen/Hören" und „Schreiben/Lesen" als die beiden Pole der Sprache ausgemacht. [4] *Ist Ihnen also an dem Regulativ der eigenen Gedanken im Sich-selbst-Zuhören gelegen, bzw. an der Möglichkeit der unmittelbaren Entgegnung im Sprechen?*

Das Gespräch dient dazu zu vermeiden, dass ich „animalisch" handle als Architekt. Ich finde es wahnsinnig animalisch, wenn Architekten beim skizzierenden Zeichnen aus dem Bauch heraus arbeiten. Es ist ja schon genügend „aus-dem-Bauch-heraus", wenn wir sprechen. Sobald etwas beschreibbar ist, und ein anderer begreift das, dann entspricht das dem, worin ich eine „Kultur" erkennen kann.

Und damit sind wir wieder beim dem Komplex von Verstehen und bei dem Versuch der Begründung von Architektur in ihrem Verhältnis zu einer grundlegenden Wahrheit.

Mit der üblichen zeichnerischen Annäherung der Architekten dagegen tue ich mich schwer ... außer, wenn sie so arbeiten würden wie Gerhard Richter. Die Arbeiten von Álvaro Siza Vieira zum Beispiel habe ich nie begriffen, bis ich sie dann in Portugal vor Ort gesehen habe. Seine Architektur ist ganz anders als das, was ich mache, aber sie ist absolut bewundernswert, eine architektonische Hochkultur. Siza nähert sich ja der Architektur über die Zeichnung an, und er arbeitet wie Richter.

Vielleicht können wir nochmals auf den Gegensatz zwischen den zuvor genannten Malern zurückkommen, Jackson Pollock auf der einen Seite und Gerhard Richter auf der anderen: vielleicht liegt der Unterschied zwischen beiden in ihrem Willen zum Werk, in ihrem Konzept; Pollock lässt ja einfach die Farbe tropfen, seine Abhängigkeit zum Ergebnis besteht darin, wie er steht, wie er die Hand hält ... Bei Richter ist das anders; Richter hört ja nicht auf mit den Schichten, die er auf eine Leinwand aufbringt, und er hört auch nicht auf zu fragen, ob das gut ist, was er da auf die Leinwand aufbringt, er versucht auch nicht, rational zu begründen, was er als gut empfindet, aber in den Arbeiten spürt man den Willen hin zu etwas ... Bei Pollock erkenne ich nur den Willen, Spuren zu hinterlassen. Richter hat einen Formwillen.

Das bedeutet: das Offene und Uneindeutige der Werkspuren bei Pollock mündet im „Ding", der Wille zur Form bei Richter führt zum „Werk"?

Siza hat auch diesen Formwillen, und das spürt man schon, wenn er zeichnet. Architekten, die sich sonst zeichnerisch einer Architektur annähern, haben nur den Willen, etwas zum Funktionieren zu bringen. Sie sind voller Vorurteile und wissen meist schon im Vornherein, wie etwas auszusehen hat - und das zeichnen sie dann. Sie fragen nicht nach dem Sinn dahinter.

Ich selbst unterrichte ja auch Darstellungslehre, also die zeichnerischen Grundlagen in der Architektur. Ich begreife das Zeichnen als eine Art des Verstehens von Architektur. Wenn ich mich mit den Studenten einem Gebäude annähere, dann versuche ich dieses über den Modus des Zeichnens zu verstehen. Ich versuche also, seine Ordnung zeichnerisch nachzuvollziehen. Ich nenne das: „Zeichnen, um zu verstehen."

Das ist dann etwas anderes, das betrifft dann das Zeichnen als Hilfsmittel; das machen wir hier auch, wenn wir ein geometrisches Problem haben. Aber wenn ich mir meine Studenten anschaue: das sind junge Leute, die sich selbst in der Architektur suchen. Wenn Sie die zeichnen lassen, dann ist das Schaumschlägerei. Sie hoffen beim Zeichnen, dass sie genial sind und dass sich beim Zeichnen ihre Talente entfalten.

Und Sie wollen dem Glauben an das Genie den Glauben an die Ordnung entgegenstellen. Sind Sie denn der Meinung, dass der Geniekult hinderlich ist in Bezug auf eine Qualität in der Architektur?

Das Problem im instinktiven Arbeiten liegt darin, dass man nach der Konstante in unserem eigenen Urteil zu unseren Ideen fragen muss, weil man sonst jeden Tag die Sachen anders beurteilt. Wo liegt denn bitte das Gleichbleibende im instinktiven Arbeiten? Wenn man glaubt, man sei genial, dann traut man sich das vielleicht zu. Aber was ist am nächsten Tag? Sieht man dann die Sachen immer noch in derselben Weise? Ich stehe daher der romantischen Auffassung des Entwerfers oder des Künstlers als Genie sehr skeptisch gegenüber. Ich will mich zunächst einer Grundlage versichern, ehe ich an einen Entwurf gehe. Ohne Sinn entsteht kein Werk.

Auch mit den Studenten will ich nur über klare Gedanken in Form von Zeichnungen reden, nicht über Mutmaßungen in Skizzenform. Darum gebe ich meinen Studenten ganz strikte Vorgaben, wie sie ihre Projekte zu präsentieren haben: schwarze Linien auf weißem Grund. Die Pläne werden mit dem Projektor projiziert und so besprochen.

Also geht es Ihnen um die eigene Objektivität einer Zeichnung gegenüber, indem Sie sich ausschließlich dem Inhalt eines Projektes widmen wollen. Ich habe auch gelesen, dass es Ihnen darum geht, „dem Risiko aus dem Weg zu gehen, mich in eine Skizze oder Handzeichnung zu verlieben“ [5]. Sie wollen also dem Artefakt gegenüber kritisch bleiben, sich nicht verführen lassen vom Charme einer Skizze.

Jede Linie, die dann gezeichnet wird, muss überlegt sein - und damit ist sie auch zu besprechen.

In einem Interview, dass Sie geführt haben, sagen Sie, Sie möchten Gebäude machen „wie von Gottes Hand“ - „like it would have been built by God's hand.“ [6] Das ist natürlich eine Aussage, die in ihrer Absolutheit nicht oft zu hören ist. Ist darin die übergeordnete Idee im platonischen Sinn zu erkennen, in einem Sinnzusammenhang, der nicht nur subjektiv ist, sondern über Ordnung, über Geschichte, über Bautradition, über Konstruktion sich zusammenfügt, oder spielt da noch mehr mit hinein?

Dieser Ausdruck hat von meiner Seite nichts Religiöses an sich. Ich formuliere das so, um mich selbst als Autor der Idee zurückzunehmen. Ich sage das, damit die Idee als solche mehr Wahrheit in sich hat als ich sie in die Architektur einbringen kann.

Vielleicht darf ich damit auf den wichtigen Begriff der „Autorschaft“ zu sprechen kommen, den Sie ja einerseits anzustreben und andererseits zu umgehen scheinen. Ist Ihnen der Begriff einer „Handschrift“ wichtig?

Natürlich ist mir die Handschrift wichtig, denn im Entwerfen kleide ich eine Idee in Material und damit in physische Realität. Wenn ich das mit einer Analogie umschreiben darf, dann würde ich die Idee eines Entwurfes als ein Musikstück ansehen, das ich als Komposition schreibe. Die Interpretation, d. h. die Aufführung des Stückes – in unserem Fall dann die Ausführung der Idee im konkreten Bauwerk – ist dagegen etwas anders, da bin ich dann mit meinen Sinnen und mit meinem Instinkt unterwegs. Ich sehe mich also gleichermaßen als Komponist und als Interpret. Die Komposition ist die Idee, die Interpretation ist die Ausführung. Je weniger Sie einen Autor spüren in der Grundidee, desto mehr Anspruch auf Aussage darf diese Idee haben.

Deswegen spreche ich die Frage der Handschrift an, weil ich denke, dass diese umso stärker zurücktritt, je mehr es um einen grundlegenden Inhalt geht.

Hier in meinem eigenen Atelierhaus ist die Handschrift sicherlich stärker zurückgenommen als im Haus Bardill. Aber das entspricht vielleicht auch meinem Glauben an eine eigene Entwicklung – ich lasse mich auch immer mehr einfach machen, allerdings immer auf der Basis einer grundlegenden Idee. Ohne diese Auffassung einer Idee fände ich das Arbeiten als Architekt geradezu derb, weil es dann eben nicht dem Übergeordneten folgen würde. Wenn wir zuvor von Wahrheit gesprochen haben, dann meine ich damit aber eben eine Wahrheit, die nicht statisch ist, sondern die ich als etwas sich Bewegendes verstanden wissen will. Denn natürlich wäre es naiv, heute von einer grundlegenden Wahrheit sprechen zu wollen.

Für mich und meine Arbeit bedeutet das, einen Weg zu finden, der nicht vom klassischen Weg des zeichnenden Architekten ausgeht, der also nicht darauf basiert, sich quasi instinktmäßig in der Architektur zu bewegen. Ich muss mir Modelle und Ideen zunächst erdenken und dabei herausfinden, ob diese für mich tragfähig sind, ob sie in ihrer Konzeption funktionieren. Aus diesem Grund bin ich zu diesem Ideen-Denken gekommen. Das heißt: wenn ich eine Idee habe, mag diese auch noch so absurd sein, und wenn ich diese Idee konsequent umsetze, dann hat das Gebäude am Schluss eine Qualität – dann mag man möglicherweise die Idee kritisieren, aber nicht die Konsequenz der Umsetzung.

Ich würde in diesem Zusammenhang gerne auf Ihre Biographie als Architekt zu sprechen kommen: Ich verfolge Ihre Arbeiten schon seit den frühen neunziger Jah-

ren, seit ich mit dem Einfamilienhaus Kucher in Rottenburg (1992) zum ersten Mal auf ein Projekt von Ihnen gestoßen bin. Gab es Ihren konzeptionellen Ideenbegriff auch schon für dieses frühe Projekt?

Nein. Dazu muss ich jetzt ein wenig ausholen: es gab einen Wandel in meinem Denken über die Architektur, der konkret mit meinem Aufenthalt in Kalifornien Mitte der neunziger Jahre zusammenhängt. Ich bin ganz bewusst aus der Schweiz an die Westküste der USA gegangen, um mich dort anderen Einflüssen auszusetzen, die ich mir in der Schweiz so nicht hätte vorstellen können. Dort habe ich einen ganz anderen Komplex an Optionen im Prozess des Entwerfens wahrgenommen: zum einen den Moment des selbstbewussten Autors, der einem Objekt eine Form gibt, der dann aber dieses Objekt instinktiv oder animalisch auch wieder deformiert, wie es die Dekonstruktivisten um Tom Mayne oder Frank O. Gehry gemacht haben; - und demgegenüber dann das Zulassen eines Einflusses von außen, wo das Objekt nicht mehr klassisch gebaut wird, sondern durch Computertechnik generiert wird.

Das hat mich sehr stark beeindruckt im Sinne einer Unterscheidung von Idee und Ausführung. Und zwar natürlich nicht im Sinne eines Nachmachens - ich selbst könnte sicherlich nicht so arbeiten -, sondern im Sinne eines Aha-Momentes im konzeptionellen Verstehen: auf der einen Seite steht das Denken mit dem Ziel einer sinnmachenden Idee, auf der anderen dann das Umsetzen dieser Idee; mit beiden ist eine weitere Grundfrage in unserer Disziplin angesprochen, nämlich die nach der Position von Autor und Interpret: sind sie eins? Oder lassen wir zu, dass unser Einfluss in der Umsetzung, also in der Aufführung dieser Idee nachlässt? Ich denke, die Menschheit wird, solange sie lebt, immer als höchstes Ideal ihren Willen ins Werk einbringen wollen.

Also befürchten Sie nicht die Übernahme des Entwurfsprozesses durch Maschinen, weil das Ergebnis dann eben keine Seele mehr hat, sondern nur Zeug ist.

Die Menschheit wird das nicht zulassen, denn eine Maschine kann keinen Sinn generieren - und ohne Sinn kein Werk. Darum ist es mir so wichtig, am Anfang eines Projektes eine Ausgangslage zu haben, die für mich einen Sinn produzieren wird im fertigen Gebäude. Das Bearbeiten der Form ist menschengemacht, wie auch die Spekulation über den Sinn in einem Werk.

Damit stehen hier nochmals Werk und Zeug gegenüber, auch in Bezug auf die Frage nach Sinn oder Seele, und ob diese einem Objekt jeweils innewohnt. Ein Werk birgt in sich ja immer auch eine Wirkung, es trägt Verweise in sich, die zu entschlüsseln sind.

Natürlich bin ich auch an der Wirkung dessen interessiert, was ich tue. Wenn ich etwas mache, was entschlüsselbar ist, dann eröffnet das für die Leute, für die Betrachter einen Zugang.

Aber Sie sagen ja auch, dass ein Gebäude gar nicht verstanden werden muss.

Die Idee in meinen Gebäuden ist keine exakte Botschaft, die ich an den Empfänger senden möchte. Die Wirkung der Gebäude aber soll ankommen. Und über das Verstehen dieser Wirkung haben Sie einen Zugang zum Werk.

Also liegt die Wirkung dann eher in der Ausführung, in der Interpretation als in der Idee. Das Hermetische einer allzu subjektiven Sichtweise muss überwunden werden, um einen Dialog beginnen zu können.

Picasso hat man ja einmal vorgeworfen, dass er allzu populistische Motive in seinen Bildern verwende. Man sagte ihm, seine Motive würden sich in der Welt des Kitsches bewegen. Darauf antwortete er: zum einen sehe er das gar nicht so; zum anderen verhalte es sich grundlegend im Phänomen der Betrachtung so, dass sich in der obersten Schicht der Wahrnehmung und des Interpretationslevels eine Türe befinde, die für jedermann zu öffnen sein müsse; das Motiv im Malen öffne diese Türe; dann erst habe der Betrachter die Möglichkeit, mit dem Artefakt zu kommunizieren. Innerhalb dieser zweiten Schicht kommen dann nur noch die Aussagen des Künstlers zum Vorschein. Diesen kann der Betrachter dann folgen - aber erst, wenn das Objekt den Dialog über das Motiv ermöglicht.

Und auch ich will den Leuten einen phänomenologischen Zugang ermöglichen zu den Häusern, die ich entworfen habe - sie sollen sie ja nicht verfluchen, obwohl sie so radikal sind. Auch ich habe Bezug zu Geschmack, Gemütlichkeit und Wärme, und das will ich auch den Betrachtern meiner Häuser eröffnen. Ob das mit dem Begriff des Verstehens einhergeht, das ist dabei zweitrangig. Um nochmals auf das Thema des Hauses als Garten zu sprechen zu kommen: wenn andere Leute, die zu Besuch kommen, dieses Sujet nachvollziehen können, das auch so lesen, dann ist es doch wunderbar. Aber sicherlich mag es auch andere Lesarten darin geben.

Ist diese Konsequenz im Umgang mit Idee und Motiv auch ausschlaggebend dafür, dass so etwas wie Schönheit im Werk entstehen kann? Anders gefragt: Hat der Begriff der Schönheit Relevanz für Ihre Arbeit?

Es fällt ja eine gewisse Zweiseitigkeit des Begriffes vom „Schönen" auf: zum einen die subjektive Seite, so wie man sagt, dass man etwas schön findet; zum anderen die objektive Seite, gemäß der etwas per se schön ist. Die eine hat mit Geschmack zu tun, die andere mit Schönheit selbst.

Wenn wir uns zunächst der subjektiven Seite zuwenden, dann gibt es ja nicht nur unterschiedliche Wahrnehmungen; es gibt auch Leute mit gutem Geschmack und Leute mit schlechtem Geschmack, und dann gibt es noch diejenigen, die gar keinen Geschmack haben. Guter Geschmack, schlechter Geschmack - das ist ja jeweils eine Betrachtung und Beurteilung von außen, nicht von sich selbst - niemand würde ja von sich sagen, er habe einen schlechten Geschmack.

Die andere Seite ist die der reinen Schönheit, man könnte auch sagen: das Urschöne. Das ist natürlich ungleich schwieriger zu fassen. Denn Schönheit ist in meinen Augen nicht dekodierbar. Schönheit lässt sich nicht entschlüsseln im Sinne von Verstehen und Begreifen. Es hat nichts damit zu tun, was wir erlebt und in uns gespeichert haben. Für mich verhält es sich so, dass mir ein Projekt erst dann gefällt - und ich meine hier Gefallen im Sinne von „ästhetischer Schönheit" -, wenn ich es eben nicht mehr erklären kann. Dann fordert es mich doch ganz anders heraus. Daher denke ich, die wesentlichste Wirkung eines Werkes liegt darin, dass ein Betrachter zu einem Haus sagt, dass es ihn ergreift. „Ergriffenheit" ist das, was mir wichtiger ist als der Begriff der Schönheit.

Ganz ähnlich hat auch Ludwig Wittgenstein seine Gedanken über den Geschmack zusammengefasst: „Geschmack kann entzücken, aber nicht ergreifen."[7]

Daher ist es mir ein größeres Anliegen, den Betrachter zu ergreifen oder in dem Betrachter eine Regung zu evozieren. Und das will ich mit den grundlegenden Mitteln der Architektur, also durch Raum, durch Licht, durch Material erreichen, eben durch phänomenologische Aspekte, nicht durch stilistische oder durch ästhetische Mittel oder Tricks.

Es sollte damit nicht um die Frage von „schön“ oder „hässlich“ gehen, sondern um die Frage von „richtig“ oder „falsch“, jeweils bezogen auf die Grundidee des Entwurfes, auf seine absolut schlüssige Konzeption. Das ist es, worauf es ankommt.

In meinen Augen lässt sich in Ihren Ausführungen zur Ergriffenheit eine Auffassung zum Werk vernehmen, die auf das Erhabene anspielt. So als ziele das Werk auf ein erhabenes Gefühl im Betrachter, das diesen ergreift, und zwar in einer Weise, in der ihm andere Begriffe fehlen, die der Betrachter also nicht anders beschreiben kann als in dem Modus des Ergriffenseins. Nachdem wir heutzutage ja nicht mehr auf ein gesellschaftlich abgestimmtes Schönheitsideal rekurrieren können, ist der Begriff des erhabenen Ergriffenseins dafür vielleicht der adäquate Ersatz. Die Frage nach der Schönheit tritt womöglich dann zurück, wenn die „Präsenz“ [8] *der Erscheinung eine so hohe Bedeutung hat.*

Das ist es auch, was ich aus den Bildern Ihres Hauses in Portugal zu erkennen glaube – selbst wenn es aktuell noch Baustellenphotos sind. Die Wände, die den Hof einfassen, sind eben von einer solchen architektonischen Präsenz oder Vehemenz. Dabei trifft der Begriff der Wand nicht völlig zu, da diese als geknickte Wand wirklich architektonische Elemente darstellen; hier wird Raum nicht zweidimensional, sondern körperhaft dreidimensional begriffen. Das sind schon fast kontemplative Motive.

Mir geht es ja nicht um ein Schönheitsideal – denn ein Ideal könnte man dann auch beschreiben, und mit dem Beschreiben würde es zu etwas fast Handwerklichem werden, es würde vervielfältigbar sein. Das will ich gerade nicht. Ich will das momentane, das punktuelle Ergriffensein. In diesem Sinn interessiert mich gar nicht, was Schönheit ist. Ich merke, dass ich mich dem Begriff der Schönheit in meinem architektonischen Schaffen nicht verpflichtet fühle.

Wenn man von Schönheit spricht, sagt man im Volksmund ja gerne, dass das Geschmacksache sei. Das ist natürlich nicht richtig. Wie ich schon gesagt habe, das Empfinden von Schönheit hat mit Ergriffensein zu tun. Aber selbst wenn wir nun Geschmack und Schönheit mit Ergriffenheit zu umschreiben versuchen, dann meine ich dennoch, dass die meisten Menschen wahrscheinlich nie die Erfahrung der Ergriffenheit überhaupt erleben können und erleben werden – trotzdem reden sie davon, das ihnen dieses oder jenes gefällt oder auch nicht. Wir müssen uns aber wohl eingestehen, dass wir auch die Ergriffenheit nicht wirklich in Worten beschreiben können; bestenfalls können wir es umschreiben. Und ehrlich gesagt, will ich es auch gar nicht beschreiben können, weil das mehr zerstört, als es nutzt. Denn dieses Beschreibenkönnen greift dann rückwirkend in die Autorenschaft meines Werkes ein, und das will ich nicht.

Weil jedes Beschreibenkönnen umgekehrt auch das Geheimnis im Werden eines Werkes zerstört? Und weil das Werk damit dann auch reproduzierbar würde im Sinne einer Formel?

Der Künstler und auch der Architekt müssen in gewisser Weise absolut denken - sie müssen sich selbst als Maß aller Dinge sehen, auch wenn das ein gefährlicher Ausspruch ist, den sowieso nur ein Künstler oder ein Architekt aussprechen darf. Ich persönlich finde - und ich weiß, dass ich dafür sehr stark kritisiert werde -, dass ein Werk zur absoluten Aussagekraft finden muss. Und diese erst macht ein Werk unverwechselbar.

Und umgekehrt stellt erst eine absolute Aussage dasjenige her, was zur Ergriffenheit im Betrachter führt.

Ich kann heute eben die Qualität eines architektonischen Werkes nicht mehr festmachen an schönen Proportionen, schönem Material, schöner Größe, schönem Was-weiß-ich.

Ich habe den Eindruck, dass heute ein Problem darin liegt, dass die Ästhetik als eine Philosophie der Gestaltung versucht, Schönheit nachvollziehbar und verständlich zu machen. Die Tatsache, dass ein Werk auch ein Geheimnis in sich bergen muss, welches zu entschlüsseln ist, und welches dann die Ergriffenheit ausmacht, kommt aber in diesem ästhetischen Nachvollziehbarmachen zu kurz. Ergriffenheit lässt sich nicht enzyklopädisch fassen, sie lässt sich nicht in einen Gebrauchsmodus überführen.

Möglicherweise ist das Ergriffensein aber auch zeitabhängig, also abhängig von der Epoche in der ein Werk entsteht und in der wir es jeweils wahrnehmen. Die Casa Girasole (1950) von Luigi Moretti in Rom zum Beispiel mag in den 50er und 60er Jahren die Leute unbedingt ergriffen haben, sie mag wahnsinnig revolutionär gewesen sein, auch Robert Venturi hat sie als eine seiner wichtigsten Referenzen beschrieben - heute erscheint mir dieses Gebäude fast naiv.

Von den Gebäuden von Mies van der Rohe würde ich das nicht sagen. Denn dort macht man als Betrachter grundsätzlichere, grundlegendere Erfahrungen als an einem Haus wie der Casa Girasole. Und das liegt daran, dass die Werke von Mies van der Rohe an nichts anderes erinnern als an die Architektur und an sich selbst, und damit kommt die Betrachtung und die Auseinandersetzung mit diesen Bauten nie an den Punkt, an dem sie zu Ende ist.

Wenn ich abschließend nun nochmals auf die Grundfrage unserer vorangestellten drei Begriffe zu sprechen kommen darf, so kann ich wohl sagen, dass mich Ihre eigene Verortung zum – wenn ich so sagen darf – klassischen „Werk" fast verwundert. Ich hätte gedacht, Sie sagten: „Mein Ding ist das ‚Ding'." In dem Sinne, dass Sie in Ihren Entwürfen das autonome Objekt anstreben. Ihre starke Bezugnahme auf das Werk und seine Ebene des inhaltlichen Verweisens hätte ich so deutlich gar nicht erwartet.

Eine Beziehung zum architektonischen Ding könnte ich nur unter der Prämisse sehen, dass die Idee gottgemacht ist – und dass dann überhaupt kein Autor dahinter sichtbar wird; das spricht in meinen Augen für das Ding. Aber ich bin so offen zu sagen, dass ich als Architekt schon die Urheberschaft der Idee beanspruchen möchte. Ich darf nochmals auf die Analogie zur Musik kommen: nicht nur die Interpretation, auch die Komposition soll von mir sein; sie soll nicht schon da sein, ob gottgegeben oder durch jemand anderen. Beide Kunstformen sind für mich von Interesse: die Komposition und die Interpretation. Ich mache beides – und da sehe ich mich beim Werk.

Der Begriff des Dinges trifft meiner Ansicht nach in der Architektur am ehesten auf eine Ruine zu – auf Architekturen aus anderen Zeiten, auf etwas, das schon alles verloren hat, was den Gebrauch betrifft.

Das entspricht dem Dingbegriff, wie ihn Heidegger als ein des „Zeug-Seins entkleidetes Zeug" auffasst; darüber hinaus verwendet Heidegger in Bezug auf den Tempel den Begriff vom „Weltzerfall"[9]: jene Welt des Tempels, also das, was ihn ursprünglich in seinem Wesen und in seiner Gestalt ausgemacht hatte, ist in unserer heutigen Betrachtung zerfallen, nicht mehr nachzuvollziehen. Der Tempel, wie wir ihn heute sehen, ist nicht mehr der Tempel der Griechen. Und das nicht, weil er physisch als Gebäude zerfallen ist. Sondern weil der Tempel heute ein Touristenobjekt ist und keine Kultstätte mehr. Wir können heute ja gar nicht mit Gewissheit sagen, was der Tempel für die Griechen tatsächlich war. Das einzige, was uns bleibt, ist der Versuch, uns in den Geschichtsbezug einzuklinken und die ursprüngliche Welt der Antike am heute Sichtbaren nachzuvollziehen.

Wenn ich auf meinen Reisen diese Gebäude besuche, die durch die Zeit und ihr Verlassensein quasi zum Ding geworden sind, dann kann ich dort aber, mehr als überhaupt anderswo, Prinzipien und Grundlagen der Architektur nachvollziehen - unglaublich ist das! Das ist eine Schatzkiste, eine unglaubliche Inspiration.

Die Ruine als architektonisches Ding, als ein Steinbruch der Ideen?

Nehmen Sie die Gebäude in Fatehpur Sikri, Indien, oder in anderen ehemaligen monotheistischen Kulturen - im Gegensatz zu den Naturreligionen sind diese keine Abstraktionen. Sie sind reine Konstruktionen. Sie sind Ordnungen.

Ganz anders in einem Hindutempel, egal ob eine Ruine oder als Bestand, dort finde ich immer noch ein bildliches Motiv, das die Gestalt bestimmt, zum Beispiel den Berg als Motiv oder irgendetwas, das im Gebäude abstrahiert dargestellt ist. In Angkor Wat, Kambodscha, zum Beispiel erkenne ich immer noch als Ursprungsbild sozusagen das Vorbild „Felsen" oder „Berg", das in seiner gebauten Abwandlung dann das Gebäude ausmacht. In Fatehpur Sikri ist das anders. Das ist eine reine Denk-Ordnung, absolut, entkleidet von allem. Gleiches gilt für die Maya-Kulturen in Mittelamerika, die jetzt einfach so vor uns liegen, halb zerfallen, weil die spanischen Eroberer alles zerstört haben.

Und Sie sehen darin eine Architektur, die aus sich selbst heraus entstanden ist, die sich selbst genügt und dadurch zu einem selbsteigenen Ganzen wird.

Ich denke, die Architektur hat genügend Grundlagen, um in der Disziplin selbst zu verweilen. Die ganzen Versuche der Architekten, disziplinfremde Aspekte in ihre Entwürfe hereinzuholen, sind in meinen Augen nicht zielführend. Wahrscheinlich entspringt die Sehnsucht nach anderen Disziplinen eher dem Wunsch, aus der Architektur auszubrechen und die Architektur gar zu zerstören. Egal wie man seine eigene Position als Architekt zur Architektur formuliert - das eigene Arbeiten sollte immer auf der Grundlage der Architektur stattfinden.

Und wie steht es bei den von Ihnen beschriebenen Ruinen, diesen architektonischen Dingen, dann mit dem Verstehen, wenn sowohl die Objekte nicht mehr vollständig vorhanden sind, und auch die Quellen keinen Nachweis geben? Dann stehen wir vor einem Geheimnis, einem Rätsel, das Fragen aufwirft und uns nach Antworten suchen lässt.

Dann frage ich mich natürlich, was mir dabei in den Sinn kommt. Nehmen wir als Beispiel den Monte Albán in Mexiko. Der Name kommt von den Spaniern, man weiß nicht, wie der Ort früher hieß, also unter der Herrschaft der Zapoteken. Der Berg liegt in einem Tal, dem Oaxaca-Tal, vielleicht fünfzig Kilometer lang, ein paar Kilometer breit, an beiden Seiten Berge von vielleicht fünfhundert Metern Höhe, und mitten drin in diesem Tal ist dieser Berg. Die Zapoteken hatten vor ca. zweitausend Jahren begonnen, den Bergrücken abzutragen, um darauf eine platte Ebene herzustellen, auf der sie dann ihre Kultbauten, diese Pyramidenstümpfe stellen konnten. Man weiß, dass der Boden ursprünglich mit weißem Kalkputz geglättet war, glatt und seidenglänzend. Und man glaubt, dass die Objekte auf dieser Fläche eine Projektion des Universums darstellten.

Und nun kommen Sie dort hinauf auf diese Fläche, die heute grasbewachsen ist, aber immer noch fast eben, und rund herum sehen Sie die Berge nicht mehr, weil Sie sich mit denen ja auf einer Ebene befinden. Was Sie nun wahrnehmen, ist eine Anordnung von einer unglaublichen physischen Präsenz. Das ergreift unglaublich. Sie stehen auf dem Sockel der Welt und haben den Eindruck, auf diesem Sockel durch das All zu fliegen. Ein magisches Erlebnis. Und ein unglaublicher Städtebau. Und nichts davon kann man wirklich begreifen mit unserer Art der rationalen Bezugnahme auf Bauten und den Raum zwischen ihnen – weder die Objekte, die dort stehen, noch das Universum, auf das diese Objekte irgendwie hinzudeuten scheinen.

Das ist für mich an Absolutheit nicht zu übertreffen. Und dabei hat dieses Ensemble von gestreuten Bauten auf einer Ebene nichts Diktatorisches. Es ist keine Architektur der Kontrolle. Es ist eine Ordnung, die versucht, eine Position zum Universum einzunehmen. Die Ordnung hat den Charakter einer Annäherung des Begreifens. So etwas würde ich gerne selbst machen.

Flims, im Oktober 2012 und März 2013

Anmerkungen

1 Martin HEIDEGGER, *Die Frage nach der Technik (1954)*, in: Heidegger, *Die Technik und die Kehre,* Pfulligen: Verlag Günther Neske 1962, 6.
2 Hans-Georg GADAMER, *Über das Lesen von Bauten und Bildern (1979)*, in: Gadamer, *Gesammelte Werke, Band 8,* Tübingen: Verlag Mohr Siebeck 1993, 332.
3 Adolf LOOS, zitiert nach Heinrich KULKA (Hrsg.), *Adolf Loos, Das Werk des Architekten,* Wien: Löcker Verlag 1979, 18.
4 Jacques DERRIDA, *Grammatologie (1967)*, Frankfurt/M.: Suhrkamp Verlag 1974, 175.
5 Helmut GERMER/Thomas NEESER, *1D,* Basel: Birkhäuser Verlag 2010, 182.
6 Valerio OLGIATI im Interview mit Markus BREITSCHMID, *Valerio Olgiati's Ideational Inventory,* in: El Croquis, Nr. 156, 2011, 6-39, hier: 28.
7 Ludwig WITTGENSTEIN, *Vermischte Bemerkungen,* Frankfurt/M.: Suhrkamp Verlag 1977, 117.
8 Vgl.: Jean-François LYOTARD, *Nach dem Erhabenen, Zustand der Ästhetik (1987)*, in: Lyotard, *Das Inhumane,* Wien: Passagen Verlag 1989, 157-166.
9 Martin HEIDEGGER, *Der Ursprung des Kunstwerkes (1935/36)*, Stuttgart: Reclam Verlag 1965, 23/36.

Bildlegende und Copyrights

S.154/155 Garten der Villa Além, Portugal, 2010-2014, © Archiv OLGIATI
S.157 Plantahof Hörsaal, Landquart, 2008-2010, © Javier Miguel VERME
S.159 Atelierhaus Olgiati, Flims, 2003-2007, © Archiv OLGIATI
S.163 Haus Bardill, Scharans, 2002-2007, © Archiv OLGIATI
S.165 Wohngebäude, Zug Schleife, 2006-2012, © Javier Miguel VERME
S.181 Fatehpur Sikri, © Archiv OLGIATI

Biographische Notiz

Valerio Olgiati (*1958) studierte Architektur an der ETH Zürich. Unmittelbar nach dem Studium eröffnet er 1986 sein eigenes Büro, in dem er kleinere Bauten verwirklicht und erste Wettbewerbserfolge verzeichnet. Von 1994 bis 1996 lebt er in Los Angeles, wo er mit Frank Escher ein gemeinsames Büro führt. Zurück in der Schweiz zeugt der Wettbewerbserfolg und die Umsetzung des Schulhauses Paspels von Olgiatis eigener Charakteristik im architektonischem Werk, die er mit dem „Gelben Haus“ in Flims, dem Nationalparkzentrum Zernez oder dem Wohngebäude in Zug-Schleife vertieft. Nach Gastprofessuren an der ETH Zürich (1998-2000) und der Harvard University (2000) ist Olgiati seit 2002 ordentlicher Professor an der Accademia di Architettura in Mendrisio. Die Ausstellungen seiner Bauten, unter anderem in London und Tokyo, wie auch seine Buchveröffentlichungen haben den Charakter jeweils eigener Werke, die weitläufig diskutiert werden.

Nachwort
Architekturtheorie als diskursive Ästhetik

Was heißt es, ein Haus zu entwerfen? Die Suche nach einer Antwort auf diese scheinbar einfache, doch grundlegende Frage bildet den Ausgangspunkt für die hier niedergeschriebenen Gespräche zur Architektur. Die Thesen Martin Heideggers zum „Ursprung des Kunstwerkes“ und seine Differenzierung der sichtbaren Gegenstandswelt in „Ding“, „Zeug“ und „Werk“, im Vorwort dieses Bandes in kürzester Form wiedergegeben, bilden thematisch das Fundament des Diskurses. Ganz bewusst ist die erste Frage der Gespräche identisch formuliert, um sodann eine je eigene Richtung darin zu verfolgen. Architektur wird so in ihrem Entstehen und ihrem Erdachtwerden auf eine eigene Weise erlebbar und nachvollziehbar.

Die Überschrift dieses Schlusskapitels formuliert zudem eine „diskursive Ästhetik“ als Inhalt dieses Buches und zeigt damit, dass sich Architekturtheorie in der Frage zwischen dem „Wie“ und dem „Worüber“ vollzieht. Das „Wie“ ist zu verstehen als ein Blick über die Schulter der Architekten in ihren eigenen Fragestellungen zur jeweiligen Aufgabe; das „Worüber“ betrifft deren übergeordnetes Ziel an der Architektur. Das erste ist von letzterem nicht zu trennen. Der vorliegende Band sucht somit Architekturtheorie als lebendigen und konzeptionellen Diskurs vorzustellen – und zwar als eine zeitgemäße Auseinandersetzung mit den Architekten selbst, als ein dauerndes Befragen und Hinterfragen.

In dieser Strategie bildet die Philosophie als Disziplin des Fragens den Auftakt. So lautet die Eingangsfrage an die Architekten denn auch nicht: „Wie entwerfen Sie?“, sondern: „Was ist ein Werk für Sie?“. In dem Voranstellen der philosophischen Begriffe und in ihrer Befragung für die Architektur führt uns der Diskurs zur unumgänglichen Beziehung von Inhalt und Erscheinung im Prozess des Entwurfes: Basiert das, was wir mit Form, Materialität, Konstruktion zu einer Ganzheit zusammenzubringen beabsichtigen, auf einer schlüssigen Gedankenkette?

Denn wenn wir von Architektur reden – und nicht nur vom Bauen –, kann es nicht darum gehen, dem Entwerfen affirmativ den Relativismus in Form allseits beklagter Beschränkungen durch Budgets oder Gesetze zugrunde zu legen, der von einer lobbyistischen Bauwirtschaft noch gestützt wird. Demgegenüber sucht der hier vorgetragene ästhetisch-diskursive Ansatz die Charakteristik für das architektonische Werk aus der Philosophie zu begründen, was uns zu der das Nachwort einleitenden Kernfrage führt: *was heißt es, ein Haus zu entwerfen?* Dieser Frage sich zu stellen und eine Antwort darauf zu formulieren bedeutet, eine Haltung zur Architektur in konzeptionellen Begriffen, vielleicht sogar aus philosophischen Bezugnahmen heraus zu entwickeln, aus denen schließlich auch die gebauten Formen resultieren können.

Der Diskurs zielt nicht auf eine *ästhetische Hausapotheke* im Sinne der Formulierung allgemeingültiger Grundsätze in der architektonischen Gestaltung. Ebensowenig strebt er nach der punktgenauen Festschreibung einer *architektonischen Wahrheit.* Es mag gewagt genug erscheinen, den Begriff der „Wahrheit" in den Gesprächen anzuschneiden; doch heißt dies nicht, dass dem der Glaube an eine allgemeingültige Wahrheit zugrunde liegt. Die Vielzahl unterscheidlicher Antworten auf diese Frage zeigt vielmehr, dass Wahrheit in der Architektur aufzufassen ist als das Drängen auf Schlüssigkeit im entwerfenden Hervorbringen und als ihr je momentanes Empfinden im Erleben eines architektonischen Werkes.

So haben die hier aufgeführten Gespräche ihre inhaltliche Verknüpfung in der darin aufscheinenden gedanklichen Arbeit an den basalen Begriffen von „Idee", „Geschichte", „Erfahrung" und „Ästhetik" für die Architektur. Diese verlangen nach einer Positionierung des Einzelnen. Ziel im Entwurf muss es sein, sich in den Diskurs der Disziplin der Architektur einzufügen, um den architektonischen Logos mit dem eigenen Werk weiterzuschreiben und erfahrbar zu machen. Die Möglichkeit in dem Nachlesen der Gespräche liegt nun darin, sich selbst in den hier angestoßenen Diskurs einzubinden und seine eigene Haltung zu ergänzen.

Die Philosophie soll die Gespräche dabei nicht überformen - nicht die Zwangsheirat von Architektur und Philosophie ist das Ziel. Wo sich aber Parallelen zwischen der praktischen Ästhetik des Machens seitens der Architekten und der theoretischen Ästhetik seitens einer künstlerischen Denkrichtung andeuten, weisen die wenigen philosophischen Hinweise und Anmerkungen darauf hin, dass es der Architektur angesichts des aktuellen Relativismus ihrer Gesellschaft gut tun mag, sich auf ein unabhängiges, konzeptionelles Denkgerüst zu stützen. Die Hoffnung ist, das dieser Rahmen je stark und prägend genug sein kann, um der Architektur insgesamt wieder ein Gewicht verleihen zu können, das sie als eigene Disziplin der „Baukunst" in sich selbst verankert.

Natürlich ist die getroffene Auswahl der Gesprächspartner subjektiv. Dennoch ist sie bewusst nicht homogen. Bei aller Unterschiedlichkeit im architektonischen Werk der Architekten, bei aller Differenz ihrer Herkunft und ihres Alters, lässt sich doch eine wesentliche Gemeinsamkeit herauslesen: allen Gesprächspartnern liegt die Architektur als Disziplin *am Herzen*. Nur aus der Liebe zu *der Sache (the matter, la chose)* der Architektur ist die Intensität ihrer Arbeit an der Architektur zu erklären. Aus der Kraft dieser Haltungen wie auch aus ihrer notwendigen und unvermeidlichen Differenz lässt sich so eine aktuelle Charakteristik des architektonischen Werkes herauslesen. Und es wird klar: das Wesen des Werkes macht sich nicht am stilistischen Ausdruck fest, sondern an der intensiven Arbeit am architektonischen Grund. Die hier vorgebrachten, unterschiedlichen Ansätze führen uns damit zu einer eigenen Art von Ästhetik in der zeitgenössischer Architektur: als konzeptionelle Sicht im Sinne eines notwendigen „Denkens zur Architektur". Das ist es, was die Überschrift dieses Nachwortes mit dem Begriff der „diskursiven Ästhetik" zum Ausdruck bringen will.

Das Buch als erlebbarer „konzeptioneller Diskurs" ist nicht denkbar ohne den inhaltlichen Beitrag der zeitgenössischen Stimmen aus der Disziplin selbst, also der Architekten Gion A. Caminada, Hermann Czech, Tom Emerson, Hans Kollhoff und Valerio Olgiati. Neben ihrer vielfältigen Einbindung in das Tagesgeschäft von Architektur und Lehre haben sich die Architekten viel Zeit und Muße genommen, um in manchmal sehr langen Diskussionen ihre eigene Sichtweise zum architektonischen Werk in Worte zu kleiden und so die von mir angestoßene, offene Frage um das Wesen des Werkes in der Architektur zu befördern. Ihnen gilt mein ausdrücklicher und herzlicher Dank.

Tom Schoper, Dresden, 2015